Nie wieder Arbeiten müssen

In 10 Jahren zur finanziellen Unabhängigkeit

Stefan Eggl

IMPRESSUM

NIE WIEDER ARBEITEN MÜSSEN

© 2016 Stefan Eggl
Herstellung und Verlag: BoD – Books on Demand, Norderstedt
ISBN 978-3-7431-5425-4

Haftungsausschluss

Dieses Buch enthält Meinungen und Ideen des Autors und hat die Absicht, Menschen hilfreiches und informatives Wissen zu vermitteln. Die enthaltenen Strategien passen womöglich nicht zu jedem Leser und es gibt keine Garantie dafür, dass sie auch wirklich bei jedem funktionieren. Die Benutzung dieses Buches und die Umsetzung der darin enthaltenen Informationen erfolgt ausdrücklich auf eigenes Risiko. Der Autor kann für etwaige Schäden jeder Art aus keinem Rechtsgrund eine Haftung übernehmen. Haftungsansprüche gegen den Autor für Schäden materieller oder ideeller Art, die durch die Nutzung oder Nichtnutzung der Informationen bzw. durch die Nutzung fehlerhafter und/oder unvollständiger Informationen verursacht wurden, sind grundsätzlich ausgeschlossen. Das Werk inklusive aller Inhalte wurde unter größter Sorgfalt erarbeitet. Der Autor übernimmt jedoch keine Gewähr für die Aktualität, Korrektheit, Vollständigkeit und Qualität der bereitgestellten Informationen. Druckfehler und Fehlinformationen können nicht vollständig ausgeschlossen werden. Es kann keine juristische Verantwortung sowie Haftung in irgendeiner Form für fehlerhafte Angaben und daraus entstandenen Folgen vom Autor übernommen werden.

Copyright

Das Werk einschließlich aller Inhalte ist urheberrechtlich geschützt. Alle Rechte sind vorbehalten. Der Nachdruck oder die Reproduktion (auch Auszugsweise) in irgendeiner Form (Druck, Fotokopie oder anderes Verfahren) sowie der Einspeicherung, Verarbeitung, Vervielfältigung und Verbreitung mit Hilfe elektronischer Systeme jeglicher Art, gesamt oder auszugsweise, sind ohne ausdrückliche schriftliche Genehmigung des Autors untersagt. Alle Übersetzungsrechte sind vorbehalten.

Inhaltsverzeichnis

Meine Geschichte

Der Zug zur Freiheit

Lektion 1 - Das Brennmaterial für den Heizkessel

Lektion 2 - Sparen

Lektion 3 - Schulden

Lektion 4 - Konsumverhalten

Lektion 5 - Einkommen generieren

Lektion 6 – Warum Dich Banken nicht reich machen

Lektion 7 - Inflation

Lektion 8 – Geldwert/Sachwert

Lektion 9 – was ist unter finanzieller Unabhängigkeit zu verstehen?

Bahnsteig, Zug und Ticket

Warum gibt es überhaupt Aktien und wie funktioniert das überhaupt?

Aktien sind langfristig sicher und die beste Geldanlage

Das Erfolgsprinzip

Wie mir Pizza Hut mein Essen bezahlt hat

Erfolgreiche Aktien finden

Das große ganze

Was haben wir gelernt?

Turnarounds & heiße Tipps

Die Macht des Zinseszins und der Dividende

Lotto

Strategie

Berechnung Deines Bedarfs

Steuern und Aufwand

The Trend is your Friend

Eigenverantwortung

Aktienkultur in Deutschland

Motivation

Was wenn das nicht so weiter geht?

Angst, Gier, Neid, Schmerz

Rentenproblematik

Zusammenfassung

Schrittweise Anleitung

Liste lohnenswerter Aktien

Erfolgstabelle

VWL + Betriebsrente

Die Erfolgsformel

Vorwort

NIE WIEDER ARBEITEN MÜSSEN ist der Traum von vielen. Die psychologische Ansicht: „Mach dein Hobby zum Beruf und du musst nie wieder arbeiten" ist sicherlich auch eine Lösung. Ich meine es aber so wie es geschrieben steht. Zum Beispiel jeden Monat 2000 Euro auf Dein Konto zu bekommen ohne dafür etwas tun zu müssen. Unmöglich? Vielleicht denkst Du, man muss besonders intelligent sein oder übermenschliche Fähigkeiten haben um dieses Ziel zu erreichen? Nein, muss man nicht. Wenn es etwas mit Intelligenz zu tun hätte, dann wäre jeder Professor Millionär. Heute ist vieles alltäglich, was vor 100 Jahren noch unvorstellbar war. Ford hat dafür gesorgt, daß jeder sich ein Auto leisten konnte. IKEA hat dafür gesorgt, daß alle Menschen Zugang zu guten und günstigen Möbeln bekommen, Microsoft hat es geschafft, daß sich jeder einen Computer leisten kann. Warum wissen wir aber nicht, wie man finanziell unabhängig wird und ein Leben in Freiheit führen kann? Weil wir zu Konsumenten und Sparern erzogen werden. Und nicht zu Unternehmern und Investoren. Und Beides vernichtet Dein Geld – bzw. bringt es von Dir weg. Auf der einen Seite durch Ausgeben und auf der anderen durch Inflation. Finanziell unabhängig bedeutet aber Geld – bzw. Werte zu haben, die ihrerseits Geld bringen, für das Du nichts mehr tun musst. Das Zauberwort heißt passives Einkommen. Und davon handelt dieses Buch. JEDER kann es. Einfachstes Beispiel: Du musst nur Deiner Bank etwas Geld geben und Zinsen bekommen und schon hast Du passives Einkommen geschaffen. So einfach ist das. Was den erfolgreichen vom erfolglosen unterscheidet ist schlicht und ergreifend die Tatsache es überhaupt zu tun. Nun ja – ein bischen mehr gehört schon dazu. Aber das sehen wir uns gleich genauer an. Es gibt einen netten Witz, der da ganz gut dazu paßt: Herr Meier sitzt in der Kirche und jammert, daß er immer vom Pech verfolgt ist, noch nie hat er im Lotto gewonnen und er würde weiß Gott alles dafür tun. Er würde jeden Tag 20 Vaterunser beten und und und. Petrus schaut vom Himmel herunter und murmelt: Idiot - wie soll ich Dir helfen, wenn Du noch nie einen Lottoschein ausgefüllt hast?

Meine Geschichte

Ich wurde 1967 geboren. Genauso wie Boris Becker, Kai Pflaume und Vin Diesel. Elvis Presley heiratet Priscilla, das Fernsehen wurde farbig und das ZDF strahlt die erste Folge von Aktenzeichen XY ungelöst aus. Meine Mutter war Hausfrau und mein Vater Sachbearbeiter in einer großen Münchner Brauerei.

Meine Oma war Baujahr 1899, hatte 2 Weltkriege und die Weltwirtschaftskrise miterlebt und hatte irgendwie das mit dem Sparen drauf. Bis man schaute, hatte sie von ihrer kleinen Rente wieder etwas zusammen und kaufte einen Pfandbrief und an Weihnachten gab es meistens ein kleines Geldgeschenk von ihr.

Von ihr hörte ich schlaue Sprüche wie „Im Kleinen muß man Sparen, dann kann man es im Großen ausgeben" oder „Von den armen kannst Du Kochen lernen, von den Reichen das Sparen". Woher sie das nur wußte? Besonders „Von den Reichen kann man Sparen lernen" hat mich ein Leben lang begleitet. Erst nach vielen Jahrzehnten konnte ich wirklich verstehen was damit gemeint war.

Nach der Grundschule wollten meine Eltern daß ich das Gymnasium besuche. Ich habe das dann 4 Jahre gemacht und bin mit 3 Sechsern und 2 Fünfern hochkantig geflogen. In der Realschule ging es wesentlich besser und ich machte meinen Abschluss. Ich glaube an dieser Stelle merkt man schon, dass Schule nicht meine Welt ist. Dann machte ich eine Ausbildung zum Funkelektroniker und versuchte dann noch die Berufsoberschule, die ich nach 1/2 Jahr mit 2 Fünfern freiwillig abgebrochen habe. Der Direktor hätte mir noch eine Chance gegeben, aber ich wusste das ist nicht meine Welt.

Was soll's? Einstein ist auch 1x sitzen geblieben und es gibt genug Beispiele, wo Menschen ohne herausragende schulische Leistungen trotzdem erfolgreich geworden sind. Und genau das hatte ich mir vorgenommen. Nur womit sollte ich das schaffen? ICH HATTE KEINE IDEE. Ich machte mich also auf den Weg, herauszufinden, wie das mit dem Geld in dieser Welt funktioniert und wie man es schaffen kann, so viel davon zu bekommen, daß man finanziell unabhängig ist – also NICHT MEHR ARBEITEN MUSS.

Nach meiner Ausbildung und dem gescheiterten BOS Versuch saß ich in einer Kabelfertigung und lötete Kabel an irgendwelche Stecker und verdiente 1600 DM brutto, das war so um 1987. Ich versuchte mit Nebenjobs ein wenig dazuzuverdienen. Die Angebote in der Zeitung waren alles andere als lukrativ. Kugelschreiber zusammenbauen oder meistens Verkäuferjobs, was auch so gar nicht meine Welt war.

Mein Vater hatte sich in seiner Rente irgendwie den Gartenpflegejob bei Karl-Heinz Böhm aufgehalst und als er es gesundheitlich nicht mehr geschafft hat, habe ich das weiter gemacht (kann ich wenigstens damit angeben, bei Karl-Heinz Böhm gegärtnert zu haben...). Ich habe deshalb nicht mehr bekommen als wo anders, aber es war nicht weit weg und ich lernte, dass ein Prominenter auch nur ein normaler Mensch ist und nicht jemand, vor dem man ehrfurchtsvoll auf die Knie gehen muss.

Irgendwann kam ich mit einem Strukturvertrieb für Versicherungen in Berührung. Das funktionierte nicht auf der Verkäuferschiene. Man musste niemanden auf eine Versicherung ansprechen, sondern ob er sich nebenbei Geld verdienen will. Der begeisterte neue Mitarbeiter war dann zugleich der neue Kunde. Das klang einfach, ich machte das 1 Jahr lang, bis ich meinen Freundeskreis durch hatte und dann war dieses Event auch wieder vorbei. Es hat Spaß gemacht und ein wenig Geld habe ich auch verdient. Aber fremde Leute anquatschen war mir dann doch zu viel.

Dann startete ich einen Verkauf von HiFi Geräten und Telefonen von zu Hause aus. Ich machte mit meinem damaligen Computer einen Werbeflyer und kaufte mir einen gebrauchten Kopierer, der leider schnell eine Macke hatte und kaputt war. Ich habe im Freundeskreis ein bischen etwas verkauft, aber das war es dann auch wieder. Die großen Elektronik Ketten hatten Preise gegen die ich nicht konkurrieren konnte. Bei einem Telefon erinnere ich mich noch, das war für mich im Einkauf beim Großhändler teurer als es im Laden stand.

Ein Freund hatte damals die Idee eine Band zu gründen. Ich konnte ein wenig Klavier Klimpern, er spielte Schlagzeug, ein anderer aus unserer Clique konnte Gitarre spielen und er organisierte noch einen Sänger. Also machten wir mal einen auf Musikband. Grottenschlecht, aber es gibt bekanntlich immer schlimmeres. Ein Auftritt an Sylvester in einem Studentenwohnheim war eher schlecht als recht. Keiner hatte Lust sich weiter zu blamieren. Die Sache löste sich wieder auf. Bis auf meinen Freund Tom, der dran blieb und es viele Jahre später nach unzähligen Experimenten und Rückschlägen geschafft hatte eine richtig gute Band zu erzeugen. Heute spielt er auf dem Münchner Oktoberfest, auf Volksfesten, selbst nach USA wurde er schon eingeladen und verdient heute richtig gutes Geld damit.

Nur bei mir wollte Irgendwie so gar nichts klappen was ich anfasste.

Das einzige was mir sicher etwas Geld einbrachte, war mein Erspartes. Auch wenn es nicht viel war. Aber - damals gab es noch 6,75% Zinsen. Ich hatte ein bischen was von Oma und ein bischen eigenes Erspartes und suchte nach etwas besserem oder flexibleren als einen Pfandbrief wo man nur 1x im Jahr den Zins bekommt. Ich entdeckte das Festgeld für mich. Ich arbeitete und sparte. Klar ging ich trotzdem mit Freunden weg und habe es krachen lassen. Urlaubsgeld, Weihnachtsgeld, Nebenjob und irgendwann hatte ich einen Job mit bezahlten Überstunden. Wir haben damals für den Irak Sirenen gebaut von 9 bis 22 Uhr geackert und danach bin ich noch in eine Nachbardisco gefahren, wo ich den Chef kannte, der gerade jemanden für einen Umbau gebraucht hat.

All das floss auf dieses Festgeldkonto und es wuchs von Monat zu Monat und Zinsen gab es ja auch noch dazu. Nach ein paar Jahren hatte ich 50.000 DM zusammen und bekam monatlich 281 DM für die ich nicht arbeiten musste. Da kam eine Vision (Vision = Vorstellung der Zukunft als wäre sie bereits Realität) in mir auf, wie es denn wäre, irgendwann von den Zinsen leben zu können und nicht mehr arbeiten zu müssen. Ich fing an zu rechnen und war etwas frustriert, weil ich mir nicht vorstellen konnte, jemals im Leben so viel Geld zusammen zu bekommen. Ich suchte also nach etwas lukrativerem.

Im Fernsehen gib es doch Geschichten von reichen Menschen, die sich an irgendwelchen Firmen beteiligen? Aber wie geht das? In der Süddeutschen Zeitung las ich zufällig: "Lukrative Firmenbeteiligung". Ich ließ mir Infomaterial schicken und fuhr am WE nach Wiesbaden um zu überprüfen, dass diese Firma auch wirklich existiert. Es sah alles gut aus. 25.000 DM war der Mindesteinsatz und 75000 DM sollte ich bis in 3 Jahren schrittweise zurück bekommen.

DAS wäre ein guter Schub für meine Idee gewesen. Leider ging das in die Hose und der Geschäftsführer haute mit 14 Mio nach Brasilien ab. Es war nur die Hälfte meines Ersparten, aber es tut verdammt weh gerade einen Mittelklassewagen verloren zu haben! Man arbeitet und spart schließlich nicht jahrelang, damit sich andere damit ein schönes Leben machen. 2 Monate danach erhielt ich einen Anruf, der Geschäftsführer wäre in Brasilien gefasst und jetzt fehle Geld um ihn auszulösen und nach Deutschland zurück zu bringen. Dass das nur eine Masche war um noch einmal abzukassieren erfuhr ich erst viel später. Ich machte also noch einmal 500 DM locker – Hoffnungsgeld, das natürlich auch weg war. Die letzte Meldung die ich ein paar Jahre danach zu diesem Fall bekam, war ein Zeitungsartikel, dass sich an irgendeinem bayerischen See ein Herr Walz bei dem Versuch ihn festzunehmen mit einer Handgranate in die Luft gesprengt hat. Das war der Onkel und Drahtzieher dieses Geschäftsführers. Er selbst hat nur den Kopf hingehalten und soll jetzt als Dachdecker arbeiten. Damit war wenigstens das gesühnt. Das Geld blieb aber trotzdem verschwunden.

Was macht man, wenn man gerade die Hälfte seines Vermögens verloren hat? Genau - weiter machen, arbeiten und wieder sparen. Dann versuchte ich noch mit 5000 DM eine Beteiligung an einer Schweizer Süßwarenfabrik, die nach der Grenzöffnung in den neuen Bundesländern eine Fabrik eröffnen wollte. Das hatte mir der Sohn unserer örtlichen Versicherungsagentur empfohlen. Das klang nach Vertrauen und er selbst hat sicherlich keine Schuld daran, dass es nicht geklappt hat. Das ging 4 Jahre gut, dann waren die auch pleite und das Geld weg.

Letzter Versuch war eine Immobilie. In München unerschwinglich, also erzählte mir der Makler ich solle lieber eine in Hannover kaufen. Das wäre wegen der Grenzöffnung ein Fadenkreuz in der Mitte Deutschlands und deshalb besonders interessant wegen Wertzuwachs und mir würde die Steuer sozusagen die Wohnung finanzieren und nach 5 Jahren könne ich sie mit Gewinn wieder verkaufen. Die Gegend in Hannover ist gut (wen es interessiert, das war in Herrenhausen) Immobilien waren ja immer gut... Aber wie komme ich nach Hannover zum Ansehen? Er sagte: "Wozu - das musst Du nicht, das macht heute alles die Hausverwaltung, dafür ist die ja da". Ab diesem Tag hatte ich 130.000 DM Schulden bei der Bank und eine Wohnung in Hannover. Dass das auch nicht geklappt hat, könnt Ihr Euch denken. 3-4 Jahre lief es gut, dann begannen die Probleme. Ich sanierte die Wohnung nach 8 Jahren für 10.000 DM um sie für 70.000 DM überhaupt los zu werden. Ich nahm mir 3 Wochen Urlaub und ackerte mich fast kaputt. 50.000 DM Verlust - jetzt reicht es! Ich hatte die Schnauze aber sowas von gestrichen voll!

Ich konzentrierte mich wieder auf meinen Job, inzwischen arbeitete ich im Filmgewerbe und habe 15 Jahre lang Filme fürs Fernsehen technisch aufbereitet. Ein toller Job – jeden Tag Fernsehen und auch noch Geld dafür bekommen... Verdient habe ich anfangs auch nicht gewaltig viel mehr, aber ich bekam Überstunden bezahlt, die irgendwie immer angefallen sind und es machte einen riesen Spaß. Ich arbeitete und sparte wieder und irgendwo im Hinterkopf hatte ich den festen Glauben, es irgendwann irgendwie trotz aller Rückschläge zu schaffen - nur wie?

Ich las Bücher wie „Denke nach und werde reich", "Sprenge Deine Ketten" oder "Der Weg zur finanziellen Freiheit". Das sind tolle Bücher, nur so wirklich weitergebracht haben sie mich nicht. "Der Weg zur finanziellen Freiheit" hat mich am besten bestätigt, daß ich auf dem richtigen Weg war. In diesem Buch fehlte mir nur noch die praktische Umsetzbarkeit. Diese fand ich 1998 in einem Heft namens Börse Aktuell vom Stuttgarter Aktienclub. Da hat es KLICK in meinem Kopf gemacht und ich wußte - DAS IST MEIN WEG. Das ist MEIN Claim, in dem ich die Nuggets finden würde.

Hier stand er. Der Zauberzug, der mich in die finanzielle Freiheit bringen könnte. Ich machte alles Geld locker, das ich auftreiben konnte. Kündigte meine 3 Lebensversicherungen und kaufte Aktien. Damals genau in der Phase als die Internetblase zum Höhepunkt hinaufwuchs. Ich wuchs 3 Jahre mit. Mehr konservativ, vorsichtig und mit wenigen Internetwerten. Aber es brummte trotzdem gewaltig. Und ich verschlang alle Bücher die ich über Aktien finden konnte und fand heraus wie es funktioniert und warum es bei so vielen nicht funktioniert. Zu denen wollte ich natürlich nicht gehören.

Es ist schon erhebend, wenn man an manchen Tagen mehr Vermögenszuwachs hat, als man im Beruf in 6 Monaten verdient. Allerdings geht das auch wieder in die andere Richtung. Vor allem als das dann 2001 wie eine Seifenblase platzte. Ich kann nicht sagen, daß ich unvorsichtig war und hatte Schutzmaßnahmen getroffen, die den folgenden Rückgang etwas abgefedert hatten. Aber man kann es mit 3 Jahren Erfahrung einfach nicht besser einschätzen. Vielleicht sogar mit viel Erfahrung nie. Dazu gibt es einen schönen Satz: "Dieses Mal ist alles anders".

Heute weiß ich - das ist der teuerste Satz an der Börse! Ich hatte im Jahr 2000 in der Spitze mein eingesetztes Geld vervierfacht. Meine beste Aktie war Colt

Telecom. Sie hatte sich verzehnfacht. War also um +1000% gestiegen. Ich nahm fast an der Spitze meinen „Einsatz" heraus und steckte ihn in solidere Werte wie z.B. L'Oreal. Der Rest klappte dann beim Platzen der Blase 90% wieder zusammen. Wie gewonnen so zerronnen. 2001 mit Euroumstellung und Kurseinbrüchen blieben noch +100% übrig. Und dann kam meine Scheidung und ein weiterer Wertverlust auf 80%.

Scheidung – nun hatte es mich also doch auch erwischt. Ich dachte nicht daß mich das treffen könnte. Wir hatten ein harmonisches Leben, 3 Kinder, 2x Urlaub im Jahr, wir hatten sogar 2x geheiratet. 1x am Anfang standesamtlich und nach 8 Jahren auf ihren Wunsch noch einmal kirchlich. Was kann da noch schief gehen? Nach 6 Wochen gab es dann einen großen Knall, sie hat sich eine Wohnung gesucht und ist mit den Kindern ausgezogen. Das ist aber eine andere Geschichte, gehört nicht hier her und wird nur der Vollständigkeit halber erwähnt.

Die ganze Sache kostete mich um die 25.000 Euro (2 Anwälte + Zugewinnausgleich) und 2 Jahre die tiefste Depression die ich je erlebt habe. Ich lief von einem Arzt und Psychologen zum nächsten. Konnte nicht mehr richtig schlafen und hatte Wahrnehmungsstörungen. Und nur noch 850Euro die mir von meinem Einkommen bleiben durften. Mein Mittagessen bestand eine Zeit lang aus Erasco Dosenfutter – 1 Dose Hühnernudelsuppe 0,85 Euro oder 1 Dose Ravioli 1,35 Euro. Oder Spaghetti mit Ketchup 0,56 Euro. So billig kann man leben, wenn es sein muss!

Nun konnte ich überlegen ob ich mir eine Eigentumsbrücke kaufe um mich darunter zu legen oder ob ich irgendwie aus diesem Sumpf herauskomme. Ich war entschlossen das irgendwie zu schaffen. Auch wenn ich keinen Plan hatte wie. Der Aktienmarkt war im Keller, beruflich hatte ich keine Motivation weiter zu kommen (wenn Du in dieser Situation mehr verdienst, musst Du auch mehr Unterhalt abgeben, das motiviert nicht sehr) und privat steckte ich in der Sackgasse.

Die nächsten 4 Jahre trieb ich mich bei einem befreundeten Webdesigner herum und wir experimentierten mit Webseitenerstellung und er hatte ein paar Kunden, wo ich dann kompliziertere Programmieraufgaben gelöst habe, die er nicht konnte. Es hat Spaß gemacht aber finanziell brachte es mich nicht weiter.

Wir entwickelten eine per Computer steuerbare 8-Kanal Steckdosenleiste incl. Software die ich programmierte, die wir ein paar Mal verkauft haben. Das wurde uns dann aber doch zu heiß mit Strom und VDE und Haftung und was da alles damit verbunden ist und wir haben es lieber gelassen.

Dann hatte ich die Idee einen Onlineshop zu machen. Nur Geld hatte niemand für Experimente übrig. Wir wollten ja Geld verdienen und nicht ausgeben. Also bastelten wir aus dem was wir im Netz umsonst fanden einen kleinen Shop zusammen und da mich kuriose Sachen schon immer fasziniert haben, bestückten wir den Shop mit kuriosen Produkten. Ein Schwebeglobus, Nudeln in Brillen-, Fahrrad-, Weintrauben- und allen möglichen Formen. Eine Zeitschrift z.b. BUNTE als Geburtstagsgeschenk, mit Bildern und Geschichten des Jubilars drin usw. Das klappte so lala. Ein bischen haben wir verkauft, aber das war einfach zu wenig professionell, zu wenig Auswahl und von uns hatte keiner Ahnung von Marketing und wie man Besucher in einen Shop bekommt.

Dann fing ich noch an, alte Sachen die bei uns herumstanden bei ebay zu verkaufen. Selbst Gartenbäumchen die raus mussten, setzte ich zu ebay, statt sie auszugraben und zu schreddern. Als aber nichts mehr da war was ich noch verkaufen konnte, überlegte ich wo ich Nachschub bekommen könnte. Ich suchte nach Großhändlern wo ich Ware bekommen könnte. Angefangen habe ich mit Damen Slip BH Kombis und Schuhen. Das klappte einigermaßen und dann versuchte ich mich noch als Verkaufsagent bei ebay. Da verkaufst Du Sachen die Dir andere bringen und verdienst einen Prozentsatz davon.

Ich hing Zettel in der Gemeinde aus und ein paar haben sich darauf gemeldet. Ein Glücksfall war dabei. Ein Antiquitätensammler, der mir dann immer wieder etwas brachte. Ich war teilweise abends nach der Arbeit bis 1 Uhr nachts beschäftigt alles zu fotografieren und Pakete zu machen. Von diesem Geld habe ich dann auch meinen ersten Onlineshop mit 900 Euro finanziert. Irgendwann traf ich einen Freund, der auch einen Onlineshop mit kuriosen Produkten angefangen hatte und der sich mit ebay nicht auskannte und bot mir an seine Artikel bei ebay anzubieten.

Das war 2006 und der Anfang eines neuen Lebens. Ich machte einen ebay Shop auf, einen eigenen Onlineshop, suchte nach Plazierungsmöglichkeiten für die Artikel, kaufte eigene Artikel dazu und war ganz euphorisch, daß ich mir nebenbei etwas dazuverdienen konnte. Ich konnte trotzdem in die Arbeit gehen und der Rest lief im Hintergrund von selbst nebenher dazu. Nach der Arbeit habe ich dann emails beantwortet, Ware gepackt Produkte eingepflegt und am nächsten Tag fuhr ich vor der Arbeit oder in der Mittagspause zur Post.

Im ersten Jahr hatte ich noch Kleingewerbe angemeldet, weil ich mir größere Zahlen nicht vorstellen konnte und machte doppelt so viel Umsatz wie ich mir vorgestellt hatte. Im Jahr darauf war es schon 10x so viel. Nur zum davon Leben hätte es noch nicht gereicht. Dann kam die Kündigung meines damaligen Arbeitgebers (Bavaria Film München, Betriebsbedingter Stellenabbau). Nun hatte ich die Wahl zwischen neuen Job suchen (und das was ich machte war auch am sterbenden Ast) oder mit 100% in dieses Business einsteigen, wovon ich nicht wußte ob es mich tragen würde.

Es gab nur einen Weg es herauszufinden – Ich musste es ausprobieren.

Ich bekam eine kleine Abfindung, beantragte Arbeitsamtförderung und schrieb meinen Businessplan für die IHK. Beides wurde genehmigt und ich fing an mein Business auszubauen. Zum ersten Mal seit ich in die erste Klasse ging, war ich länger als 6 Wochen am Stück zu Hause. Niemand kontrollierte mich was ich mache oder nicht mache. Ich konnte mir die Zeit selbst einteilen, aber zum Einteilen war gar keine Zeit. Ich war so begeistert und euphorisch, daß ich 1 Jahr lang nur Artikel eingepflegt und die Shops aufgebaut habe. Wochenende gab es faktisch auch keines mehr.

Ich arbeitete manchmal bis 3,4 Uhr Nachts, stand um 9 Uhr auf und weiter ging es. Nach 1 Jahr endete das Geld vom Arbeitsamt und entweder es klappt bis dahin oder ich muss mir wieder einen Job suchen und glaube mir – DAS WOLLTE ICH SICHER NICHT! Es hat geklappt ich re-investierte verdientes Geld in weitere Ware und 2011, nach 6 Jahren erreichte ich den 25 fachen Anfangsumsatz von fast 1 Mio Euro. Dann wurde der Markt etwas ruhiger. Da ich auch andere Händler kenne und diese ein ähnliches Phänomen hatten, war ich nicht beunruhigt und heute hat es sich auf ein Niveau stabilisiert mit dem ich gut leben kann.

Von 2008 bis 2013 haben wir das Lager selbst betrieben, weil die vorherige Logistikfirma wg. einem Todesfall aufgehört hatte. 2013 haben wir es dann wieder an einen Dienstleister abgegeben. Seitdem habe ich Home Office und automatisierte Prozesse und ich hatte wieder Luft zum Atmen und wendete mich wieder meiner Leidenschaft dem Investieren zu. Ich hatte nur noch in meine eigene Firma investiert und das andere vernachlässigt. Man muss aber auf mehreren Beinen stehen, falls mal ein Bein müde wird. Und die Firma ist eigentlich nur Mittel zum Zweck um Feuergeld für meinen Zug zu bekommen. (das wirst Du gleich verstehen, was das heißt)

Damit hatte ich mich also seit 2001 überhaupt nicht mehr beschäftigt. Meine letzten 5 Aktien die ich noch hatte, haben sich erst nach 13 Jahren wieder auf Ausgangsniveau erholt. L'Oreal hat nach 13 Jahren 100% Gewinn erreicht, was genau so prognostiziert war. 2013 habe ich wieder begonnen mich intensiv mit Aktieninvestments zu beschäftigen und bewege mich langsam darauf zu, daß die Dividenden mein Einkommen ersetzen.

Heute arbeite ich von zu Hause aus, ich beantworte emails, gehe auf Messen, Korrespondiere mit Herstellern und Lieferanten in der ganzen Welt, entwickle eigene Produkte und importiere Ware aus Asien und USA.

Alles was ich brauche ist ein Computer und eine Internetverbindung. Ich kann arbeiten WO ich will, WANN ich will und wie viel ich will. Eigentlich war es ganz einfach – im Nachhinein. Und wenn man etwas gefunden hat, das Spaß macht und man Erfolg damit hat, dann willst Du gar nicht mehr faul auf der Couch liegen. Aber es ist schön zu wissen, daß man könnte... Heute bin ich 48 und ich habe KEINE Million auf meinem Konto. Aber ich bin finanziell soweit frei, daß ich mich unabhängig auf diesem Planeten bewegen kann. Und DAS war mein Ziel und nicht viele Millionen zu verdienen. Die Zielsetzung ist DAS WICHTIGSTE auf dem Weg zum Erfolg! Setze Dir das Ziel im Leben 2 Mio zu erarbeiten und Du wirst es schaffen. Setze Dir das Ziel einen Freizeitpark zu bauen und Du wirst es schaffen. Setze Dir das Ziel armen Kindern in Afrika zu helfen und Du wirst es schaffen. Setze Dir das Ziel finanziell frei zu sein und Du wirst es schaffen. Für letzteres brauchst Du nicht einmal Millionen dazu. Mich haben Erfolgsgeschichten immer abgeschreckt, wo jemand Milliardär geworden ist. DAS ist dann doch etwas sehr weit weg für einen normalen Arbeiter...

Jetzt wirst Du sicherlich sagen: „Mit der Firma ist es ja leicht. Ich habe so was nicht. Das war alles nur Glück". Hast Du mitgezählt, wie oft ich an etwas gescheitert bin und wie lange es gedauert hat, bis ich das richtige für mich gefunden habe? Die Kernbotschaft die ich Dir mitgeben kann ist, so aussichtslos es auch erscheinen mag. (z.B. nach meiner Scheidung) GIB NIEMALS AUF und

VERLIERE DEIN ZIEL NIE AUS DEN AUGEN. Wenn ich mit 16 gewußt hätte, was ich heute weiß, dann hätte ich nicht so lange rumgeeiert und wäre mit 35 finanziell unabhängig gewesen. Jetzt hat es eben etwas länger gedauert. Aber wie sagt man dann? Lieber spät als nie. Für mich war es immer ein in meinem Herzen festgeschriebenes Gesetz, daß ich es schaffen würde. Auch habe ich eine neue Familie und 2 weitere tolle Kinder (ja – insgesamt habe ich jetzt 5 Kinder). Ich habe endlich die Zeit, die ich immer haben wollte. Ich verbringe viel Zeit mit der Familie und den Kindern und wenn ich im Sommer an einem Mittwoch Nachmittag mit meinen Kindern spontan schwimmen gehen möchte, dann mache ich das und muss nicht Urlaub eintragen oder den Chef fragen ob ich früher gehen kann.

DAS ist Freiheit! Und das wünsche ich Dir auch von ganzem Herzen! Jetzt möchtest Du aber langsam wissen, wie das funktionieren soll? Ja – gleich. Ich behaupte es hätte auch ohne Firma funktioniert. Die Zeit die mir durch meine Sucherei verloren gegangen ist, konnte ich nur mit mehr Geld wieder aufholen. Die Firma ist nur ein Zeitkompensierer des Zinseszinseffektes. Ach was – Fachwörter – komm einfach mit, es lebe die Praxis:

Der Zug zur Freiheit

Wir Menschen denken in Bildern. Deshalb habe ich mir einen Zug als Beispiel ausgedacht. Stell Dir einen Bahnsteig vor, an dem ein Zug steht. Auf diesem Zug steht: „Fahrt zur finanziellen Unabhängigkeit. Einsteigen auf eigenes Risiko. Fahrzeit ungewiss. Ankunft ungewiss." Ok sagst Du jetzt. Das wollte ich irgendwie nicht hören. Ich dachte es ist so einfach wie auf ein Bankkonto Geld einzubezahlen? Ja – zu dieser Aussage stehe ich auch. Es IST genauso einfach. Aber Du musst Dich erst entscheiden es auch zu tun. So wie mit dem Zug. Du musst Dich entscheiden einzusteigen. Nur – momentan weißt Du noch nicht wo der Zug steht und wo Du das Ticket bekommst.

Aber zurück zu meinem Beispiel. Der Zug fährt einen Berg hinauf. Am Ziel der Fahrt erwartet Dich das gelobte Land in dem Du NICHT MEHR ARBEITEN MUSST und das Leben genießen kannst. Du entscheidest Dich also einzusteigen. Verdammt – warum fährt der Zug jetzt aber nicht? Aaah – Du mußt ihm Futter geben, Kohle in den Heizkessel schütten. Kohle – nettes Synonym. Dieser Zug fährt mit Geld. Du mußt Geld in den Heizkessel werfen. Mit 10 Euro im Monat fährt der Zug aber so langsam, daß er am Ziel ankommen wird, wenn Du 500 Jahre alt bist. Das macht also keinen Sinn. 100 Euro ? 300 Euro ? Die Berechnung der Feuermenge erkläre ich Dir später. An dieser Stelle ist erst einmal nur eines wichtig zu verstehen. Je stärker Du den Zug befeuerst, umso schneller wird er Dich von A nach B bringen, also zu Deinem Ziel. Auch logisch bis hier her?

Alles was Du tun mußt, ist das Feuer am brennen zu halten und die Zeit abzuwarten, die der Zug für seine Fahrt nun einmal braucht. Du wirst den Kessel ja nicht mit 10.000 Euro monatlich heizen können? Dann wärst Du in 5 Jahren am Ziel... Wirst Du krank und kannst ihn nicht mehr heizen, hast Du kein Geld mehr um ihn zu befeuern, z.b. weil Du Dir lieber das neueste Handy kaufen mußt, geht die Flamme aus und er rollt auch noch den Berg zurück zum Bahnsteig. Wertvolle Zeit geht verloren, die Du nur mit mehr Energie wieder aufholen kannst. Irgendwann wirst Du zu alt sein und dieser Zug ist im wahrsten Sinne des Wortes abgefahren. Ich hoffe, daß Du ein junger Mensch bist, der mein Buch liest. Denn Du hast noch die wichtigste Voraussetzung Deinen Zug ins Ziel zu bekommen. Du hast noch viel Lebens-ZEIT zur Verfügung. Warum das wichtiger ist, als viel Geld zu verdienen kommen wir auch gleich dazu.

Lektion 1 - Das Brennmaterial für den Heizkessel

Du brauchst also Brennmaterial, damit Dein Zug fährt. Je mehr Brennmaterial Du in seinen Kessel steckst, umso schneller wird er fahren und das Ziel schneller erreichen. Also wo bekommst Du Geld dafür her? Du gehst arbeiten, aber am Monatsende bleibt nicht wirklich viel für den Zug übrig? Dann geh jetzt in den Keller und räume Deine Leichen weg. Ja, Du hast ganz richtig gehört. Was meine ich konkret damit? Jeder hat „irgendwelche" Ausgaben. Viele wissen nicht einmal wie ein Kontoauszug aussieht. Wer weiß schon wirklich, wie viel er im Geldbeutel hat, auf dem Girokonto, auf seinem Sparbuch, wie viel seine Lebens- Riester- Rentenversicherung wert ist oder bei Ablauf bringt? Ich behaupte die wenigsten.

Man macht „irgendwas" planlos, weil es einem mal von irgendeinem Berater empfohlen wurde und weil es ja schlecht nicht ist (gut aber auch nicht). Es soll sogar Menschen geben, die nicht einmal wissen wie viel sie verdienen. Mit Leichen aufräumen meine ich KLARHEIT über Deine Finanzielle Situation schaffen. Sieh hin und nicht weg. Schau Dir an wie viel Du verdienst, wie viel Geld oder Schulden Du hast. Rechne zusammen, wie viel Du gesamt hast. Nicht um Dich daran zu ergötzen (oder frustriert in Ohnmacht zu fallen). Sondern um zu wissen wie es bei Dir aussieht. Wissen ist Macht. Und wenn Du nichts über Deine Finanzen weißt, dann fischt Du im Trüben. „Irgendwas" wird schon passieren. Genau – aber dann bestimmt nicht das was Du möchtest.

Also – alles aufschreiben, sortieren, strukturieren. Haushaltsbuch schreiben.

Nächster Punkt: Welche Ausgaben hast Du und warum? Mach es Dir bewust. Nicht spontan ein Angebot im Supermarkt mitnehmen nur weil es gerade vermeintlich günstig ist. Oft liegen solche Sachen dann so lange ungenutzt herum, bis man sie nach Jahren weg wirft, weil man sie doch nicht gebraucht hat. Miete, Einkauf, Telefon, Benzin, Fahrkarte, das Eis am WE. Ja – das kann anstrengend werden, sich alles zu merken. Dann hol Dir eine Haushaltsbuch App und trage da gleich alles ein, dann kannst Du nichts vergessen. Etwas Disziplin gehört natürlich auch dazu. Wenn Du am Ende des Buches weißt, warum Du es tust, wird es Dir leicht fallen. Fang einfach an, man gewöhnt sich schnell an solche Dinge und sie werden Routine und ein Teil Deines Lebens. Es hört sich an wie „jeden Taler 3x umdrehen müssen, bevor man ihn ausgibt". Ja – wenn Du etwas erreichen willst hast Du keine andere Wahl. Geh Deine regelmäßigen Ausgaben durch. Was wird jeden Monat von Deinem Konto abgebucht? Was davon ist WIRKLICH notwendig? Was ist „nur" weil es ... Spaß macht, nur ein kleiner Betrag ist, egal ist? NICHTS ist egal. Jeder Cent den Du in Deinen Heizkessel steckst, schiebt Dich weiter in Richtung Ziel. Jeder konsumierte Cent der weg ist, bremst Deinen Zug.

Verschaffe Dir einen Überblick, was Dir am Monatsende übrig bleibt. DANN kannst Du den nächsten Schritt machen und das ändern.

Zusammenfassung:

Verschaffe Dir Überblick über Deine IST Situation
Mache eine Aufstellung über Dein vorhandenes Vermögen

Mache eine Aufstellung über alle Einnahmen
Mache eine Aufstellung über alle Ausgaben

Klingt eigentlich ganz einfach oder?

Lektion 2 - Sparen

Ich habe Dir gezeigt, daß Du Deine Finanzen ordnen musst um einen Überblick zu haben. Verzweifle nicht jetzt schon – Du wirst das große Ganze am Ende des Buches verstehen. Sparen ist NICHT was Dir die Werbung verspricht! Kauf 3 und zahle nur 2. Strom ist bei ROSA Strom billiger – je mehr Du verbrauchst um so mehr sparst Du. Das ist für mich Gehirnwäsche der schwachsinnigsten Art. „Verbrauche mehr, dann sparst Du mehr". Ich kann mich jedes Mal wieder über solche Sachen amüsieren. Gibt es wirklich Menschen, die auf sowas hereinfallen? Wie sieht die Wahrheit aus? Je mehr Du verbrauchst, um so mehr gibst Du aus. DAS ist die Wahrheit. Dir wird das Geld aus der Tasche gezogen. Denkst Du es hat irgendjemand da draußen etwas zu verschenken? Kauf 3 Paar Schuhe und zahle nur 2. Das ist der älteste Jahrmarkt Trick, den es gibt und es fallen immer noch tausende darauf herein – unglaublich. Sparen bedeutet auch nicht das hier: „Wenn Sie bis 24. buchen, bekommen Sie den Flug um 30% billiger. Dafür können Sie sich dann die 1. Klasse leisten". Wie gewonnen, so zerronnen... Sparen bedeutet weglegen. NICHT ausgeben. Stell Dir das sinnbildlich so vor: Jedes Feuergeld, das Du in den Kessel steckst, macht eine kleine Flamme. Die Menge dessen was Du rein steckst, macht viele Flammen und die Power, die Deinen Zug antreibt. Wenn Du das wieder raus nimmst und für einen Urlaub auf den Kopf haust, dann fährt der Zug entweder langsamer oder gar nicht mehr. Wenn Du ans Ziel willst, dann muss das da drin bleiben!

Du kannst 1 Jahr lang jeden Monat 100 Euro unters Kopfkissen legen, es nehmen und damit in den Urlaub fahren. Das ist auch gespart. Aber dann ist es wieder weg und Du fängst von vorne an im Hamsterrad zu laufen. SO kommst Du nicht von der Stelle – NIEMALS !!! Du kannst auf einen Urlaub sparen oder Du sparst es für Dein Ziel: NIE WIEDER ARBEITEN ZU MÜSSEN. Was sinnvoller ist, musst Du für Dich entscheiden. Nun gibt es folgende Erkenntnisse in der breiten Masse der Bevölkerung:

1. Bei 0,5% Zinsen lohnt es sich nicht zu sparen

2. Wozu sparen? Mitnehmen kann man es eh nicht
3. Bevor das alles weg ist, wg. Währungsreform etc. gebe ich es lieber aus. Dann habe ich wenigstens etwas davon gehabt.

Die wichtigsten und falschesten Glaubenssätze die es dazu gibt sind: Wozu Vermögen haben, wenn man es eh nicht mitnehmen kann? Und: Das letzte Hemd hat keine Taschen.

Weil Du es noch nicht verstanden hast. Geld ist ein Werkzeug. Nicht mehr und nicht weniger. Genauso wie Dein Haus, Dein Auto, Dein Fernseher, Dein Handy. Warum benutzt Du diese Dinge alle, wenn Du sie doch nicht mitnehmen kannst? Aaah – das ist etwas anderes. Ja – wirklich? Warum? Hast Du nicht einmal Geld gegen Dein Auto getauscht? War das Geld vorher etwas schlechtes, das man nicht haben darf, weil man es eh nicht mitnehmen kann? Und nach dem Tausch? Jetzt hast Du Geld in eine Sache umgewandelt – in Dein Auto. Warum ist das Auto jetzt nichts schlimmes mehr? Das kannst Du genauso wenig mitnehmen. Da sollte mal jeder in sich gehen und darüber nachdenken...

Geld ist ein Werkzeug. Mit Deinem Auto kannst Du fahren, mit Deinem Handy kannst Du telefonieren und Geld bringt Dir Geld für das Du nicht arbeiten mußt. Niemand der es zu Wohlstand gebracht hat, würde auf die Idee kommen, sein Vermögen auszugeben. Dann wäre es ja weg. Ja – es macht einen Sinn zu Vermögen zu kommen und es zu haben. Es zu haben bedeutet aber niemals nur des banalen habens wegen. Niemand ergötzt sich an 3 Mio. die mit 0,3% Zins auf seinem Konto liegen (=750Euro). Aber 3 Mio. zu haben, die einem monatlich 25.000 Euro Rendite bringen (=10%) – DAS MACHT SPASS !

So banal und einfach ist das. Du musst nur den Kessel Deines Zuges befeuern.

Zusammenfassung:

Sparen bedeutet Vermögen aufbauen, das NIE ausgegeben wird, weil es Dich in der Zukunft ernähren wird.

Lektion 3 - Schulden

Oberste Priorität – MACH KEINE SCHULDEN. Beziehungsweise keine Konsumschulden. Es gibt Schulden die Sinn machen, aber das ist nicht

Schwerpunkt dieses Buches (Schulden mit Gegenwert, z.b. Immobile oder als Investitionskapital für eine Firma). Gemeint sind Schulden die Deinem persönlichen Vergnügen dienen. Das Auto auf Pump, die Möbel auf Pump, der Urlaub auf Pump, das Haus auf Pump. Die Banken machen es einem einfach „Hier – der 0815 Sonnenscheinkredit für jedermann. Erfülle Dir Deine sehnsüchtigsten Wünsche. Leiste Dir heute – zahle erst morgen".

Was passiert hier genau? Du wirst übers Ohr gehauen! Ja – Deine urinnersten Triebe werden angesprochen. JETZT – vielleicht hat das etwas mit unseren Steinzeitvorfahren zu tun. Wenn ein Mammut vorbeigelaufen kam, mussten sie JETZT jagen. Wenn sie bis morgen gewartet hätten, wären sie verhungert. Es wird Dir suggeriert JETZT zu leben, JETZT zu konsumieren, Dir JETZT etwas zu leisten.

Da könnte man nun sagen – halt – was ist mit NULL Prozent Finanzierung? Da habe ich ja keinen Verlust? Leider falsch. Erstens bist Du in der Schuld. Das hat psychologische Gründe, warum Du es nicht tun sollst. Es heißt nicht umsonst Schulden. Weil Du Schuld hast, sie gemacht zu haben ;-) Und Dir fehlt das Geld um den Kessel Deines Zuges zu befeuern, der Dich in die Freiheit bringen soll. Daß Du morgen mit dem Kater und den dann sich immer mehr auftürmenden Raten für Deine Eskapaden bezahlst, interessiert diese Industrie wirklich nicht.

Ok – alle Ratschläge sind zu spät. Du hast bereits Schulden. Was nun? Finde einen Weg sie los zu werden! Ich kenne Deine Situation nicht und kann Dir hier keine konkreten Tipps geben. Aber tue ALLES um diesen Klotz am Bein los zu werden. Geh zu einer Schuldnerberatung, verhandle mit Deinen Gläubigern, mach Privatinsolvenz oder reiß Dir den Arsch auf und sieh zu daß Du mehr verdienst um diesen Berg abzutragen. Aber tu was.

Jetzt kommt noch ein Rat, der sich in dieser Situation für Dich verrückt anhören wird. Baue Deine Schulden ab und GLEICHZEITIG Vermögen auf. Wie das gehen soll, wenn Dir das Wasser eh schon bis zum Hals steht? Wiederholung – reiß Dir den Arsch auf und tu etwas. NIEMAND anderer wird es für Dich tun. Entweder Du springst und lernst Schwimmen, oder Du gehst unter. Schulden ziehen Dich runter. Schulden mit Zins ziehen Dir noch mehr Geld aus der Tasche bis Du auch das kleine Feuerchen im Kessel herausfischen mußt und zusehen mußt, wie Dein Traum zerplatzt.

Schulden, auch ohne Zins verhindern, daß Du Kapital in Dein Projekt NIE WIEDER ARBEITEN ZU MÜSSEN stecken kannst. Du hast vielleicht ein gutes Einkommen und lebst komfortabel, aber Du arbeitest für die Schulden und wenn Du morgen aus welchen Gründen auch immer nicht mehr arbeiten kannst, dann kleben Dir die Schulden wie Fliegen zwischen den Zähnen eines Motorradfahrers, der ohne Helm fährt.

Zusammenfassung:
Mach keine Schulden und wenn Du welche hast, werde sie so schnell wie möglich los! Sie verhindern, daß Du den Kessel Deines Zuges beheizen kannst.

Lektion 4 - Konsumverhalten

Von den reichen kann man Sparen lernen. Die Brüder Albrecht waren Extrembeispiel der Sparsamkeit. Das möchte ich Dir auch nicht empfehlen. Aber es stimmt. Wenn man viele Geschichten von reichen Menschen liest, liest man immer wieder wie sparsam sie waren. Warum? Sie hätten sich doch alles leisten können. Ich glaube das ist die innere Einstellung, die viele Menschen in sich tragen, die reich geworden sind. Sie wissen um die Macht des Zinseszins und daß jeder Euro den sie nicht ausgeben in der Zukunft ein Vielfaches wert sein wird. Es tut ihnen einfach weh. Wenn ich heute weiß, daß 1 Euro in 10 Jahren 50 Euro wert sein wird, dann kostet der Kaffee, den ich heute für 1 Euro kaufe 50 Euro, die ich in 10 Jahren deshalb nicht haben werde. Und nach 20 Jahren sind es 500 Euro und in 30 Jahren 5000 Euro. Ein Kaffee also, der mich 5000 Euro kosten kann. Ein übertriebenes Extrembeispiel, aber so verstehst Du das glaube ich am besten. Heute denkst Du nicht darüber nach, weil Du nicht weißt, wie Du aus 1 Euro 5000 Euro machen könntest. Aber am Ende des Buches wirst Du verstehen wie es funktioniert. Dann heißt es Nachdenken ob alle Konsumausgaben wirklich sein müssen.

Wer kennt das nicht? Man geht einkaufen weil man eine „Kleinigkeit" braucht und kommt mit einem Berg von Dingen zurück, von denen man zu Hause gar nicht mehr weiß, warum man das alles gekauft hat. Aber egal – Hauptsache es ist da. Irgendwann wird man Dankbar sein, daß es da ist. Und es liegt – und liegt – und liegt. Und man räumt es von einer Ecke in die andere und nach 5 Jahren wirft man es weg, weil es eigentlich unbrauchbar ist, niemand her nimmt, vergessen wurde und jetzt kaputt ist oder warum auch immer. Aber es hat Deinen Geldbeutel geleert.

Einkaufen erzeugt Glücksgefühle, aber nur sehr kurz. Wie eine Droge und Drogen lassen bekanntlich schnell in der Wirkung wieder nach. Also – schau Dir alles an was im Supermarkt herum liegt. Aber denke Dir dabei immer mit welcher Masche Du übers Ohr gehauen werden sollst. Wirst Du gerne übers Ohr gehauen? Läßt Du Dir gerne Geld wegnehmen? Nur zu – ich gebe Dir gerne meine Bankverbindung, dann kannst Du mir ja… Nein – das will natürlich niemand. Warum läßt Du es also zu, daß Dir jemand Dein sauer verdientes Geld weg nimmt?

Ab heute sagst Du NEIN – mit mir nicht mehr. Stell Dich hin und frage Dich ob Du dieses wunderschöne neue Badschränkchen das 20% reduziert ist wirklich JETZT brauchst. Das alte tut es doch eigentlich noch. Naja – neu ist es nicht mehr, aber – und reduziert ist es auch – welche Gelegenheit, die kommt vielleicht so schnell nicht wieder. Und vielleicht steht noch dabei „Nur noch heute". WAS? Nur noch heute? Dann muss ich ja heute kaufen, wenn es morgen weg ist. Jetzt bist Du schon in der Falle in die Du tappen sollst.

Künstliche Verknappung nennt das der Fachmann. Verarschung nennt es der Laie. In echt gibt es das Schränkchen morgen nämlich noch genauso. Und hättest Du das nicht gesehen, wäre das Leben auch ohne weiter gegangen. Wenn Dein Schränkchen wirklich nicht mehr geht, DANN hol Dir bewust ein neues. Dann ist es das auch wert, wenn es nicht 20% reduziert ist und vielleicht läuft Dir auch gerade dann wieder ein Sonderangebot über den Weg.

WARUM ist das wichtig? Weil Du Dich damit konditionierst nicht alles spontan zu kaufen, nur weil es Dir gerade über den Weg läuft und weil Du es geil findest. Und wozu? Um Deinen Geldstrom unter Kontrolle zu haben. Nicht MEHR auszugeben, als unbedingt notwendig ist und MEHR Geld für Deinen Plan NIE WIEDER ARBEITEN ZU MÜSSEN übrig zu haben.

Ein Irrtum ist auch, wenn Du mehr verdienst, kannst Du Dir mehr leisten. Das mag stimmen und viele leben danach. Nach dem Studium kann man sich nun endlich eine Wohnung leisten. Nach der Beförderung endlich das Penthouse oder die Miete für das Haus etwas außerhalb. Aber es macht Dich nicht freier, unabhängiger oder reicher. Ist es nicht seltsam? Je mehr man verdient, umso mehr Ausgaben hat man. Und am Monatsende bleibt trotzdem nichts übrig. Und wenn doch, kann man sich ja mal was gönnen. Aber weg ist es IMMER.

Menschen die reich geworden sind, haben selten über ihre Verhältnisse gelebt, sondern waren Understatement. Sie sind NIE bis an ihre Grenzen ihres Einkommens gegangen und wenn sie in diese Richtung gedriftet sind, dann wurde ihnen unwohl und sie haben dem gegengesteuert. Entweder mit mehr verdienen oder mit Ausgaben reduzieren. Es muss immer ein Teil zum Investieren (Kessel heizen) übrig bleiben.

Orientiere Dich nicht an Menschen die Protzen. Das sind oftmals Blender, die gar nichts haben und wenn ihre Einnahmen versiegen, dann sind sie pleite. Wer erinnert sich an die Geschichte von Roberto Blanco, als es 2014 hieß dass er pleite ist? Wer hätte das gedacht?

Lektion 5 - Einkommen generieren

Es gibt nur 1 Möglichkeit auf diesem Planeten Geld zu verdienen:

VERKAUFEN – glaubst Du nicht?

Aber es gibt 3 Stufen davon:

1. Du bist das Produkt. Du verkaufst Dich, Deine Arbeitskraft, Dein Wissen, Deine Fähigkeiten. Wenn Du arbeiten gehst, dann verkaufst Du jeden Tag Deine Arbeitskraft und Deine Lebenszeit an jemanden, der noch mehr Profit damit macht. Du kannst dieses Produkt wertvoller machen, wenn Du mehr kannst, eine gute Ausbildung hast, Schulungen machst, Dich fortbildest. Aber wenn das Produkt sich nicht mehr verkaufen läßt – z.b. wenn Du arbeitsunfähig wirst oder in Rente gehst, dann kommt auch kein Geld mehr.

2. Du verkaufst Wissen. Zum Beispiel indem Du Dich selbständig machst und Mitarbeiter einstellst, die Deine Arbeit machen. Dann verkaufst Du die Information wie es geht, oder nutzt die Informationen (Bildung) Deiner Mitarbeiter um diese weiter zu verkaufen. Du kannst auch Produkte herstellen oder kaufen und weiterverkaufen. Dann verkaufst Du das Wissen, wie man ein solches Produkt herstellt in physischer Form.

Du kannst auch Dein Wissen verkaufen. Gib Seminare oder schreibe ein Buch. Wenn Du ausfällst, kann es das Ende Deiner Geldquelle sein – muss es aber nicht zwingend.

3. Du verkaufst Geld. Geld ist nichts anderes als gespeicherte Arbeitsenergie. Wenn wir Energie reinstecken, kommt Geld heraus. Und wir können es auch wieder zurückwandeln. Geld können wir in Arbeit und Wissen anderer Menschen zurückwandeln. Wenn ich eine Semmel kaufe, passiert genau DAS. Ich kann selbst keinen Weizen anbauen, kein Mehl mahlen und keine Semmel backen. Aber ich kann dieses Wissen und die Arbeit die damit verbunden ist kaufen. Die dritte Möglichkeit ist also, Du kannst Geld verkaufen. Klingt eigenartig oder?

Es gibt einen Spruch der mir zu diesem Thema sehr gut gefällt:

Der dumme arbeitet
Der schlaue lässt arbeiten
Das Genie lässt Geld arbeiten

Wir wollen zu den Genies gehören und NIE WIEDER ARBEITEN MÜSSEN

Für Dich heißt das also:

1. Du schaffst es DICH wertvoller zu machen. Mach Fortbildung, versuche in Deiner Firma vorwärts zu kommen. What ever.
2. Oder wenn Du eine Idee hast, mach Dich selbständig. Vielleicht irgendwie erst nebenbei, mach einen Nebenjob oder was auch immer. Niemand hat gesagt, daß es vom Himmel fällt. ICH habe einen Versandhandel begonnen um mehr Einkommen zu generieren und mehr zum Investieren zur Verfügung zu haben. Die meisten Vermögensaufbauer haben irgendwann erkannt, daß sie es mit einer Selbständigkeit schneller schaffen werden und einen Weg dorthin gefunden.
3. Investiere das Geld das Du damit mehr verdienst in Deinen Plan NIE WIEDER ARBEITEN ZU MÜSSEN und gib es nicht für Konsum aus.
4. Heize Deinen Brennkessel mit so viel Du kannst.

Heute gibt es so viel mehr Möglichkeiten Geld zu verdienen wie früher. Für alles gibt es fertige und funktionierende Plattformen. Du mußt sie nur nutzen.

Und wenn das alles nichts für Dich ist, dann geh Zeitungen austragen oder Kellnern oder am WE Aushilfe bei Aldi oder Schwimmaufsicht in einem Schwimmbad oder bezahlte Überstunden? Aber laß Dir etwas einfallen. Irgendetwas wird zu finden sein, wenn Du Dich anstrengst. Was Du jetzt brauchst ist Kohle um den Kessel Deines Zuges zu befeuern.

Lektion 6 – Warum Dich Banken nicht reich machen

Ein Finanzberater ist geschult sein Produkt bestmöglich zu verkaufen und das kann er nur, wenn er selbst davon überzeugt ist. Er zweifelt keine Sekunde daran, daß er Dir etwas Gutes empfiehlt. Man kann ihm nicht einmal einen Vorwurf machen. Egal ob das nun ein Versicherungsvertreter ist oder ein Bausparvetreter oder ein Bankangestellter. Es geht um Geld – um Dein Geld.

Sie wollen es haben. Mit verlockenden Produkten und tollen Beispielen die Dich frohlocken lassen. Warum? Weil sie mit Deinem Geld arbeiten und das so effektiv, daß Du es Dir gar nicht vorstellen kannst. Weil Sie DAS kennen, was ich Dir in diesem Buch vermitteln werde. Erst vor ein paar Tagen war ein Fernsehbericht – Lebensversicherter geschockt. Statt 190.000 Euro die er bekommen sollte, bekam er nur 110.000 Euro. Ooch schaaadeee die Gewinnüberschüsse sind leider leider wegen den Zinsen die so im Keller sind, nicht erreicht worden.

Aha – aber der Firmenwert steigt kontinuierlich. Ei-e-iei wie ist das nur möglich? Ganz einfach. Ein Beispiel: Eine Lebensversicherung bekommt die Kundengelder und kauft davon Aktien z.B. 1980 von Coca Cola zum Kurs von 17,80 Euro. Heute sind die 198,20 Euro wert. Aber weil sie nie verkauft wurden, stehen sie mit 17,80 Euro in den Büchern. Real mehr wert, aber für die Kunden leider leider – nichts erwirtschaftet. Erst wenn sie verkauft werden würden, müßte der Wert ausgezahlt werden. DIE haben verstanden was sparen und Investieren und NIE ausgeben bedeutet.

Ein weiterer Grund, warum Dich Banken nicht reich machen werden: Das Hauptgeschäft einer Bank ist NICHT Dir Geld zu bringen. Auch nicht Zinsen von Dir zu bekommen. Sondern? Kredite zu vergeben. Jetzt wirst Du sagen Quatsch, Du hast doch gerade gesagt, Zinsen zu bekommen ist es nicht. Richtig – nicht nur, aber es ist damit verbunden. Was dann? Hör Dir diese verrückte

Geschichte an, und versuche NICHT das zu verstehen, aber DAS ist die Wahrheit. Du findest das im Internet und auf Youtube ohne Probleme, wenn Du nach Geldschöpfung suchst:

Also – Peter geht zu seiner Bank und will sich 1000 Euro leihen und bekommt sie. Er geht damit zum Einkaufen und kauft sich einen Fernseher. Der Fernsehladen bringt abends die verdienten 1000 Euro zu seiner Bank. Soweit alles gut.

Jetzt passiert etwas verrücktes. Die Bank vom Fernsehladen hat 1000 Euro bekommen – nun sagt die Bank, solange es der Fernsehladen nicht braucht, verleihen wir es an einen anderen Kunden. Darf sie auch, aber 10% muss die Bank bei der Zentralbank als Sicherheit hinterlegen. Das wurde einmal so definiert, damit das nicht ins unendliche geht. Also 100 Euro zur Zentralbank und 900 Euro Kredit bekommt Fritz. Und so geht das weiter. Fritz kauft seiner Frau eine Nähmaschine, der Nähmaschinenladen bringt abends 900 Euro zu seiner Bank. Die Bank hinterlegt 10% = 90 Euro und verleiht 810 Euro an Sabine usw. usw.

Das verrückte – zähl mal zusammen: Peter hat einen Kredit über 1000 Euro, Fritz einen über 900 Euro und Sabine über 810 Euro. Zusammen gibt es jetzt schon 2710 Euro Kredit bei der Bank. Aber 1000 Euro waren doch am Anfang nur da. Wo kommt jetzt der Rest her? Das nennt man Giralgeldschöpfung. Eine Bank erzeugt so Geld aus dem Nichts. Sie vervielfältigt Geld und damit auch die Zinseinnahmen. DAS ist der Grund, warum Dir in jeder Bank groß und schön ein Kredit schmackhaft gemacht wird. Und unser Gehirn ist dafür empfänglich. Paßt wie die Faust aufs Auge!

Ein Kunde der immer Guthaben hat, ist für eine Bank eher ein schlechter Kunde. Eine Bank will also entweder, daß Du einen Kredit nimmst und wenn Du dafür der falsche Kunde bist, dann wollen Sie Dein Geld in hauseigenen Sparplänen zu so niedrigen Zinsen und langer Laufzeit wie möglich. Das lustigste Angebot das ich letztens gesehen habe, war ein Sparplan über 25 Jahre, wo Du ab dem 21. Jahr 50% zum eingezahlten Jahresbetrag dazu bekommst. Ja – genau – verarschen kann ich mich auch selber. Warum? Wenn Du 25 Jahre lang jeden Monat 100 Euro einzahlst und immer Minizinsen von 1% bekommst, dann aber die letzten 4 Jahre +50% zum Einzahlungsbetrag dazu bekommst, dann hast Du nach 25 Jahren 40.000 Euro. Die Bank arbeitet aber mit 6-9%. Sagen wir 7,5% dann kämen 82.000 Euro heraus. Das DOPPELTE !!! Zeit und Zins macht den Unterschied. Auch das gleich noch genauer. Warum heißt es eigentlich Bankberater? Und nicht Bankverkäufer? Du gehst auch nicht in ein Autohaus und erwartest einen Autoberater. Nein – Du schaust wo der Autoverkäufer ist. Eine Bank ist ein Laden. Ein Laden wo es Geld gibt. Warum zum Teufel kommt niemand auf die Idee die Produkte mit anderen Läden zu vergleichen? Den Joghurt schaust Du auch ob er bei Aldi oder Lidl billiger ist. Warum also nicht auch hier? Man vertraut dem „Bankberater" ohne zu wissen, daß er Quartalsvorgaben bekommt, daß er 20 Bausparer, 10 Fondssparpläne und 5 Rentenversicherungen verkaufen muss. Ansonsten wird sein Gehalt gekürzt oder er fliegt. Da mutet es wirklich armselig an, wenn das alte Mütterlein aus der Bank kommt und sagt: „Ja ja – mein Banker ist einfach der Beste. Der hat mir wieder sooo viele gute Sachen empfohlen." Ach ja? Den Sparplan mit 0,6% statt 0,5% bei der Konkurrenz? Mit 15 Jahren Laufzeit gell? Ja tollll....

Lektion 7 - Inflation

Du hast bestimmt schon einmal von Inflation gehört? Inflation ist normal das vorherrschende Szenario, das so sein muss, damit die Wirtschaft wächst. Ohne Inflation kein Wachstum und ohne Wachstum kein Geld. Waren und Dienstleistungen werden kontinuierlich teurer – das kennt ja jeder. Das Gegenteil wäre Deflation. Alles wird billiger – nö – nicht geil. Es würde keiner mehr etwas kaufen, wenn es morgen billiger zu bekommen ist. Der Verkäufer verdient nichts mehr und ist arbeitslos. Also extrem schlecht. Deshalb lieber eine kleine Inflation als eine Deflation. Das versuchen die Zentralbanken mit Geldausgabe und niedrigen Zinsen mit aller Macht aufrecht zu erhalten.

Die Gegenseite der Inflation, die wir als Marktwirtschaft brauchen ist, daß wenn Geld weniger wert wird, Sachwerte automatisch im Preis steigen. Wenn also die Schminksachen von L'Oreal jedes Jahr teurer werden, dann verdient L'Oreal jedes Jahr mehr und wird als Firma auch jedes Jahr mehr wert und zahlt evtl. auch jedes Jahr mehr Dividende aus.

Da wir uns in einer Welt befinden, die auf dieses System aufgebaut ist, haben wir nur 2 Wahlmöglichkeiten:
1. Wir machen mit und das beste daraus
2. Wir machen nicht mit (dann brauchst Du jetzt nicht weiter zu lesen)

Hast Du eine Wahl ob Du arbeiten gehen möchtest oder nicht?

Nun ja – wenn Du nicht gerade Aussteiger werden möchtest, denke ich lautet die Antwort nein.

Wenn also Inflation Dein Geld vernichtet, dann macht es auch keinen Sinn zu sparen. Richtig – auf dem Sparbuch macht es keinen Sinn. Offiziell wird uns vorgegaukelt, daß wir eine Inflation von 1-2% haben. Dann freust Du Dich, wenn Du 3% auf der Bank bekommst (bei 10 Jahren Vertragsbindung wohlgemerkt). Offiziell liegt die Inflation bei ca. 10%. Das ist die „gefühlte" Inflation. Jeder weiß, daß irgendwie alles teurer wird, aber keiner kann es so recht greifen. Man merkt es nur, wenn man am Monatsende sieht, daß das Geld nicht mehr reicht. Dann muss ein Kredit her oder ein Zweitjob oder Drittjob wie in den USA schon fast normal ist. In der nächsten Lektion sage ich Dir, wie Du aus diesem Dilemma heraus kommst.

Lektion 8 – Geldwert/Sachwert

Jetzt kommt der entscheidende AHA Effekt, was arm und reich unterscheidet. Arme Menschen sparen sich mit Geldprodukten arm. Reiche Menschen sparen und investieren es in Sachwerte und mehren ihr Vermögen. Sparen in Form von Geld macht keinen Sinn und bringt Dich nicht weiter, weil die Inflation Dir immer wieder alles kaputt macht.

Egal ob das Sparbuch heißt, oder Sparplan, Lebensversicherung, Rentensparplan, Riester, Rührup oder wie auch immer. Solange es Geld ist, wird es weniger Wert. Und Du willst ja nicht in 40 Jahren immer noch arbeiten, weil Dein gesamtes Lebenskapital durch die Inflation keinen Wert mehr hat?

Eben. Deshalb liest Du ja auch dieses Buch. Also was tun sprach Zeus? Ganz einfach – investieren in Sachwerte. Das war schon immer so und wird es aller Erkenntnis nach auch so bleiben. Jedenfalls haben wir keine andere Wahl, als das zu glauben, da es keine Alternativen gibt. Das wären dann Immobilien, Aktien, Edelmetalle. Etwas anderes gibt es nicht.

Die Geschichte hat über mehrere Jahrhunderte bewiesen, daß es funktioniert. Sachwerte haben JEDE Krise überlebt. 1.+2. Weltkrieg, die große Depression 1929, Aktiencrach 1987, Dotcom Blase 2001, Bankenkrise 2008 usw. usw. Edelmetalle sind als Not-Zahlungsmittel in einer Extremkrise interessant. Zur Geldvermehrung eignen sie sich nicht sehr gut. Mag sein, daß ein paar Spekulanten damit Geld gemacht haben. Aber das ist etwas für Zocker und wir wollen sicher ans Ziel kommen und investieren und nicht spekulieren.

Edelmetalle werfen auch keine Rendite ab. Ok – also einer von 3 Möglichkeiten abgehakt. Was ist mit Immobilien? Es gibt Menschen die sind mit Immobilien reich geworden. Bestimmt eine gute Idee. Wenn Du einen Draht zu Immobilien hast, dann lies Dich durch die Immobilien- und Steuerliteratur und finde eine Bank, die Deine erste Immobilie finanziert. Hier gibt es auch Möglichkeiten mit Bankfinanzierten Immobilien passives Einkommen zu erschaffen und exorbitante Renditen zu erzielen. Und dann kaufst die zweite und dann die dritte.

Wenn Du es richtig machst, kannst Du in wenigen Jahren so viele Immobilen haben, daß Du von den Mieteinnahmen leben kannst. Such Dir im Internet Gerald Hörhan. Schau Dir Videos von ihm an, besuche sein Seminar. Dieser Kerl ist mit 30 mit Immobilien reich geworden. Lerne von ihm, dann kannst Du das vielleicht auch schaffen. Ich habe 1x Bruchlandung damit gemacht und mir sind Immobilien persönlich zu starr. Dann bleibt noch die dritte und letzte Möglichkeit nämlich Aktien.

Ach nöö – sag jetzt nicht Du hast keine Lust auf Zockerei? Schade um das Geld für dieses Buch? Keine Sorge. Ich bin auch kein Zocker. Sicherheit war mir IMMER sehr wichtig. Aktien haben in der breiten Masse der Bevölkerung Spielcasinocharakter. Dabei sind sie die Grundlagen unserer modernen Wirtschaftswelt. Wo kommt das her? Von Ausnahmegeschichten wie von George Soros oder Hollywoodfilmen wie Wall Street. Im Internet werden wir mit Daytrading gelockt und es wird das schnelle Geld versprochen. DAS hat Spielcasinocharakter. Hier ist das Chance/Risikoverhältnis einfach gegen Dich.

Wer würde auf die Idee kommen, Mc Donalds, Coca Cola, SAP oder Fielmann als Spielcasino zu bezeichnen? Aha – Du gehst also jedes Mal ins Spielcasino, wenn Du Dir bei Mc Donalds einen Big Mac und eine Cola holst? Ist ja interessant. Das sind 2 der erfolgreichsten Unternehmen auf diesem Planeten. Es wäre also Spielcasino Zockerei Dich daran zu beteiligen? Hmmm…

Okay jetzt sind wir auf dem richtigen Weg. Gleich betreten wir die Hall of Fame der finanziellen Freiheit, der Welt in der man nicht mehr arbeiten muss, die Welt, in der das Paradies Wirklichkeit werden kann. Den Bahnsteig auf dem DEIN Zug steht. Ich freue mich Dir diese Welt zeigen zu dürfen.

Zusammenfassung:

1. Ordne Deine Finanzen. Optimiere Einnahmen und Ausgaben, damit Dir so viel wie möglich übrig bleibt.
2. Erhöhe wenn es geht, Dein Einkommen und reduziere Deine Ausgaben
3. Investiere so viel Du kannst in Sachwerte
4. Verinnerliche diesen Vorgang. Du tust es nicht um zu konsumieren. Du tust es um Vermögen aufzubauen, das es Dir ermöglichen wird NIE WIEDER ARBEITEN ZU MÜSSEN

Lektion 9 – was ist unter finanzieller Unabhängigkeit zu verstehen?

Es gibt Menschen die 10.000 Euro im Monat verdienen aber nie unabhängig werden. Warum? Weil sie sich nie damit beschäftigt haben. Wer gut verdient, hat ein gutes Leben. Vielleicht ein Oberarzt, dem seine Arbeit auch Spaß macht. Er verdient viel und er gibt viel wieder aus. Reich werden heißt nicht, viel zu verdienen. Es heißt das was ich verdiene zu re-investieren in Werkzeuge, die mir zur Verfügung stehen. Wie ein Hammer den ich benutze um einen Nagel in die Wand zu hauen, benutze ich Finanzinstrumente um meine finanzielle Unabhängigkeit zu erreichen und zu gestalten. Niemand muss das tun. Aber jeder sollte die Wahl haben, zu entscheiden ob er das möchte oder nicht.

Finanziell unabhängig bedeutet von dem leben zu können, was mein Vermögen an Geld erzeugt, ohne daß ich noch viel dafür tun muß. Miete, Zinsen, Pacht, Dividende etc. Ein Rechenbeispiel findest Du am Ende dieser Lektion.

Die Berechnung des Bedarfs ist ganz einfach. Wenn Du monatlich 1600 Euro netto brauchst, dann nimm das *12 für 1 Jahr. Das sind 19200 Euro. PLUS 25% Quellensteuer, die Dir von den Einnahmen abgezogen werden = 24.000 Euro 24.000 Euro *100 / 5 (bei 5% Rendite) = 480.000 Euro benötigtes Vermögen. Ich mache an dieser Stelle bewust keine Rechnung auf, WIE Du an dieses Geld kommst. Das zeige ich Dir am Ende des Buches.

Leider wissen 95% der Menschen nichts über Geld. Deshalb haben 5% der Menschheit auch 95% des gesamten Kapitals. Weil Sie wissen wie es funktioniert und die anderen 95% wissen nichts. Warum? Woher sollten sie es wissen? Die Eltern wissen es nicht und können es nicht an ihre Kinder weiter geben. Die Lehrer wissen es nicht. Schulfach „wie geht man richtig mit Geld um" gibt es auch nicht. Das Geldsystem an sich muss uns vorleben, daß Kredite richtig sind, weil nur mit Krediten überhaupt Geld existieren kann. Schau Dir dieses Video dazu an: https://www.youtube.com/watch?v=d8LbsCnwN0g

Die Welt (Banken, Politik etc.) lebt uns vor, daß Schulden normal sind. Wie soll man da lernen, wie man richtig mit Geld umgeht oder reich wird? Das Thema Geld wird Dich ein Leben lang begleiten. Warum sich dann nicht damit auseinander setzen, wie man genug davon bekommen kann? Mit Reichtum verbinden wir die Glammerpersönlichkeiten die im öffentlichen Leben stehen. Die auf den Titelseiten präsentiert werden. Die herausragendes geschafft haben. Bill Gates, Jennifer Lopez oder Johnny Depp. Viele übersehen, daß viele Prominente auch nie gelernt haben mit Geld umzugehen. Sie haben halt immer viel verdient – und immer viel ausgegeben und präsentiert – viele auf Pump.

Und von manchem hört man dann plötzlich der ist Pleite. Wie konnte das passieren? Ganz klar – sie haben die Grundgesetze des Geldes nicht befolgt. Sie haben nicht gespart, sie haben nicht investiert, sie haben nicht darauf geachtet. So wie rein so ging es raus und wenn es kein rein mehr gibt, dann fällt alles zusammen wie ein Kartenhaus. DESHALB lies Dir die erste Lektion noch einmal durch. Das Fundament wenn nicht stimmt, fällt alles andere wieder in sich zusammen wie ein Kartenhaus.

Eine nette Geschichte: Ein reicher Mann geht an ein Flussufer und sieht einen Mann neben seinem Boot am Ufer im Gras liegen. Er geht zu ihm und sagt: „Junger Mann, würden Sie mich bitte hinüber zum andern Ufer bringen? Ich gebe Ihnen 5 Euro dafür" Der Mann sagt: „Warum sollte ich das tun?". Der reiche sagte: „Wenn Sie mich hinüber fahren verdienen Sie 5 Euro. Wenn Sie das öfter machen und gut sind können Sie weitere Boote kaufen, Mitarbeiter einstellen und für sich arbeiten lassen. Dann haben Sie irgendwann so viel, dass sie nicht mehr arbeiten müssen und können den ganzen Tag faul im Gras liegen." Der junge Mann schaut ihn an und sagt: „Aber das tue ich doch jetzt schon".

Es ist DEINE Einstellung dazu was Du möchtest. Möchtest Du jeden Monat von neuem kämpfen wie Du Dein Geld für Dein Leben her bekommst. Oder möchtest Du daß es von selber kommt und Du kannst Dich dem widmen, was Dir Freude bereitet? Mehr Zeit für Deine Hobbies, für Deine Familie, für Deine Kinder, Reisen, was auch immer. Wenn Du es NICHT anpackst, wirst Du ein Leben lang für andere geackert haben, Dein staatliches Rentenalmosen bekommen und Dein Leben nicht gelebt haben, weil Dir immer das Geld dafür gefehlt hat. Wenn Du das willst, dann leg das Buch jetzt weg und mach weiter wie bisher. Oder Du gibst Deinem Leben eine Chance und wenn es 20 Jahre dauert, aber DANN kannst Du es geschafft haben. Sonst schaffst Du es NIE !

Klar –es gibt auch Alternativen. Du kannst eine erfolgreiche Webseite erstellen die viele Besucher bekommt und mit Werbung vieeel Geld verdienen. Facebook macht das zum Beispiel. Wenn Du da einen Draht dazu hast – mach es. Das schöne an meinem System ist, daß Du fast nichts wissen musst. Du machst das was Du eh tun musst, nämlich Geld verdienen. Jetzt musst Du nur noch etwas davon abzweigen und dort hinbringen, wo Dir der Zinseszinseffekt ein Vermögen daraus macht.

Und wenn Du es nicht erlebst? Dann hast Du umsonst gespart? Gegenfrage: Tust Du etwas gegen Dein Rentenproblem? Sparts Du auf einen Urlaub? Auf ein Auto? Machst Du eine Fortbildung? WARUM, wenn Du es vielleicht nicht mehr erlebst? Merkst Du wie unsinnig diese Antworten sind? „Aber wenn man etwas hat, dann lebt man ständig in Angst es wieder zu verlieren. Das wäre nichts für mich". Hast Du Kinder? Jeder hat irgendwo Angst, daß seinem Kind etwas schlimmes passieren könnte. Es könnte vom Auto überfahren werden, es könnte gekidnappt werden, es könnte an einem Virus sterben. Die Angst ist Teil des IST. Entweder Du willst ein Kind oder Du vermeidest die Angst. BEIDES geht nicht. Oder Du lernst damit umzugehen. Wenn das Kind da ist, bleibt Dir gar nichts anderes übrig, als es zu lernen. Und es macht mehr Freude als Angst. Das kann ich Dir aus eigener Erfahrung sagen.

Ok - und nun endlich die Hall of Fame - gehen wir...

Bahnsteig, Zug und Ticket

Herzlich willkommen! Ich begrüßte Dich in der Hall of Fame des finanziellen Überflusses. Komm herein, aber werde nicht übermütig oder Gierig. Denn dann wirst Du alles wieder verlieren. Sei vorsichtig, aber nicht zu sehr, sonst wirst Du Chancen aus Angst nicht wahrnehmen. Laß Dich darauf ein. Was wir gelernt haben ist, daß es keine Andere Wahl gibt, um finanziell vorwärts zu kommen als in Sachwerte zu investieren. Geld auf der Bank (oder in anderen Geldinstrumente) wird von der Inflation mit der Zeit aufgefressen und weniger Wert. Warum Sachwerte nicht? Weil es ein finanzmarkttechnisches Grundgesetz ist, daß Geld an Wert verliert und Sachwerte an Wert gewinnen.

Das ist wie in einer Waage. Wenn die eine Seite nach unten geht, dann MUSS die andere Seite automatisch nach oben. Edelmetalle sind zu starr und bringen keine Rendite. Immobilien sind für Anfänger zu teuer oder können nicht finanziert werden. Also bleiben nur Aktien.

Über dieses Thema habe ich mich in den letzten 20 Jahren zum Experten entwickelt und kann es durch eigene Erfahrungen untermauern. Aktien werfen die höchste Rendite ab und man kann Sie im Gegensatz zu Immobilien wunderbar in kleine Häppchen teilen und jederzeit kaufen und im Fall der Fälle wieder verkaufen. Das Risiko einer Aktienanlage liegt bei einem Zeithorizont von 15 Jahren bei fast NULL.

Dazu gibt es das sogenannte Renditedreieck. Hier kann man ablesen welche Jahre positiv (grün) und welche negativ (rot) waren. Was für uns wichtig ist – es gibt mehr grüne Felder als rote. Was bedeutet, daß es mehr Jahre mit Gewinn als mit Verlust gibt – bisher IMMER – zukünftig mit hoher Wahrscheinlichkeit auch. Also keine Sorgen machen, wenn es einmal 1-2 Jahre nicht läuft. Und Dividenden gibt es ja trotzdem.

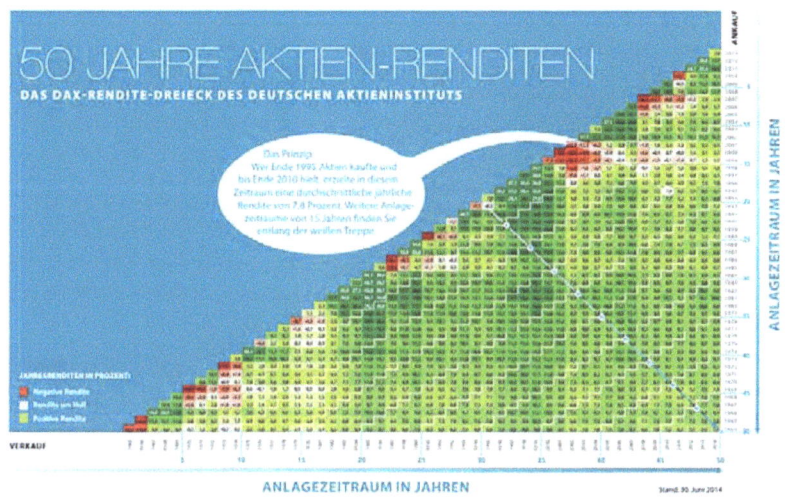

Aktien sind ganz klar der Rendite-Favorit, wenn man finanziell etwas erreichen möchte und genau DAS musst Du. Kostolany war ein Börsen Guru. Er sagte „Wer nichts hat MUSS spekulieren, wer ein bischen hat, darf NICHT spekulieren, wer viel hat KANN spekulieren". Ich möchte nicht, daß Du spekulierst. Wir sind Investoren und gehen das ruhig und vernünftig an. Wir wollen nicht zocken und alles verlieren. Wir wollen vernünftig in unsere Zukunft investieren und Vermögen aufbauen um irgendwann NIE WIEDER ARBEITEN ZU MÜSSEN und nicht um alles wieder zu verlieren und bis wir in der Kiste liegen schuften.

Darum geht es. Irgendwann wird uns der Schöpfer zu sich rufen. Aber vorher werden wir das Maximum aus unserem Leben herausholen und nicht wie eine Kakerlake unser Leben unter dem Küchentisch verbringen. Du hast mehr verdient, als ein Leben lang als Arbeiter irgendwelche Sachen zusammenzubauen, anderen den Dreck wegzuräumen oder Ziegelsteine zu schleppen. Mach was aus Dir und Deinem Leben. Und dazu brauchst Du verdammt noch mal Geld dazu. Also laß es uns machen...

Der Bahnsteig ist die Wirtschaft, der Zug ist die Börse und das Ticket sind die Aktien.

Ich habe in meinen Anfangsjahren irgendwann etwas davon gehört, daß Aktien eine gute Anlage sein sollen. Aber ich hatte KEINE AHNUNG. Ich ließ mir von einer Fondsgesellschaft irgendwelche Fonds empfehlen (das sind Pakete mit vielen Aktien drin um das Risiko zu streuen), investierte 20.000 DM und ärgerte mich, weil auf dem Auszug nur 19.200 DM standen. 800 DM verloren? Ja – das sind die Gebühren. Aha – aber das sollte die Anlage ja wieder wett machen. Tat sie aber nicht – oder nicht gleich. Ich hatte 5 Fonds, welche genau weiß ich nicht mehr. Irgendwas mit Emerging Markets (Entwicklungsländer) Europa, USA und Weltweites irgendwas. Jedenfalls ging es erst mal runter bis auf 16.000 DM. Nach 2-3 Jahren war dann endlich ein kleines Plus vorhanden. Aber ich fischte im Trüben. Ich wußte nicht, wie die Dinger funktionieren und was ich davon erwarten konnte. Was bringen Dir 5% Plus in 10 Jahren?

Wäre schön, das VORHER zu wissen oder? Glaskugel? Hellsehen? Mein Schwiegervater beschäftigte sich selbst seit 20 Jahren mit Aktien und versuchte mir anhand von Zahlen und Bezeichnungen die ich nicht verstanden habe, diese Dinger zu erklären. Aber das war wie ein Buch mit 7 Siegeln. 1998 passierte dann etwas entscheidendes, das mein Leben für immer verändert hat. Ich las zufällig einen Börsenprospekt eines Aktienclubs. Und jetzt fiel es mir wie Schuppen aus den Haaren ;-)

Ich hatte schlagartig VERSTANDEN auf was es ankommt. Ich kündigte alle meine Versicherungen, löste mein Sparbuch und mein Festgeldkonto auf und hörte auf zu sparen und begann zu investieren. Und dann ging es ab wie eine Rakete! An manchen Tagen hatte ich mehr Plus auf dem Konto als ich in einem halben Jahr in meinem Job verdient habe. Leider – heute sage ich Gott sei Dank habe ich genau zum Start der Internetblase angefangen und habe den größten Crach der Neuzeit miterlebt. Aber ich habe ihn überlebt und ich habe eine Erfahrung gemacht, die mir niemand mehr nehmen kann. Und wie das alles funktioniert ohne daß man in diesem Spiel verliert, DAS erkläre ich Dir nun.

Warum gibt es überhaupt Aktien und wie funktioniert das überhaupt?

Wenn Du eine Geschäftsidee hast und Geld brauchst, hast Du genau 2 Möglichkeiten:

1. Du leihst es Dir (z.B. von einer Bank oder einem Investor)

2. Du teilst Deine Idee mit anderen und gibst Aktien aus

Vorteil/Nachteil

Wenn Du Dir Geld bei der Bank leihst, mußt Du es zurückzahlen und dazu noch Zinsen und wenn Deine Geschäftsidee nicht funktioniert trotzdem. Wenn Du Deine Idee/Firma mit anderen Aktionären/Miteigentümern teilst, bekommst Du das gleiche Geld, mußt es aber nie zurückbezahlen. Und wenn die Geschäftsidee nicht funktioniert auch nicht. Dann verteilt sich das Risiko auf alle Aktionäre, wenn die Aktien nichts mehr wert sind. Und wenn die Firma gut arbeitet, wird meistens eine Dividende als Gewinnbeteiligung ausbezahlt.

Warum sich dann an anderen Gesellschaften beteiligen und nicht einfach selbst eine AG gründen? So wie Bill Gates (Microsoft) oder Marc Zuckerberg (Facebook)? Mach - es hält Dich niemand davon ab! Tatsache ist, daß nicht jeder das Zeug dazu hat eine AG zu gründen. Da gehört mehr dazu, als einen auf Firma zu machen und dann AG werden zu wollen. Selbst Firmen untereinander beteiligen sich an anderen. Coca Cola kauft Mc Donalds Aktien. Siemens kauft Fielmann usw. Weil sich keiner auf nur seinem Erfolg ausruht, also auf nur einem Bein stehen will.

Und wie funktioniert das mit dem mehr Wert werden?

Prinzipjell ganz einfach: Firma XY gibt 1000 Aktien aus, á 10 Euro = 10.000 Euro. Die Firma macht Gewinn und kündigt eine Dividende von 4% an. Nun interessiert das jemanden, der keine Aktie von XY hat und möchten sich beteiligen. Diejenigen die die Aktien aber haben, möchten die Aktie nicht zum gekauften Preis hergeben. Sie sagen – ok, ich bekomme dann keine Dividende mehr, das möchte ich durch mehr Wert kompensieren. Ich verkaufe sie zu 11 Euro. Der Interessent sagt- ok, nehme ich. 1 Aktie geht über den Tisch. EINE EINZIGE. Aber was ist passiert? ALLE Aktien kosten nun 11 Euro. Die Firma ist nun 1000 x 11 Euro = 11.000 Euro wert. 1000 Euro Mehrwert, weil EINER bereit war 1 Euro mehr zu bezahlen. Auch das ist Wertschaffung aus dem Nichts.

Aktien sind langfristig sicher und die beste Geldanlage

Ich habe hunderte Bücher gelesen um diesen Satz zu verstehen. Was ist SICHER? Alle Aktien? Nein – definitiv nicht. Aber man kann es im Allgemeinen für Sachwerte so sagen. Sachwerte steigen im Wert. Langfristig und immer. Jedenfalls ist das die Erkenntnis die wir haben und die einzige, mit der wir arbeiten können. Ich habe diese Grafik gefunden, die diese Aussage untermauert:

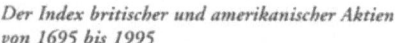

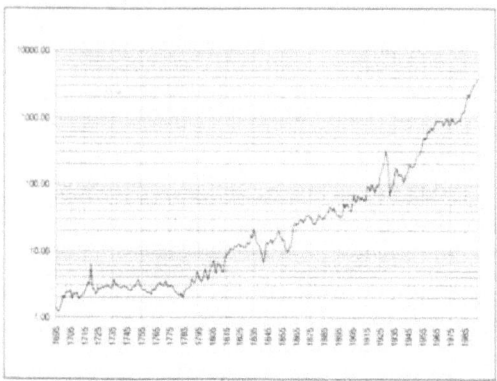

Jeder, der nicht blind ist sieht – ja – über diesen Zeitraum ging es tendenziell nach oben. Die Aussage Aktien bzw. Sachwerte steigen immer müssen wir also mit ja bestätigen. Nun hilft uns das noch nicht für eine Anlageentscheidung. Keine der Firmen die es vor 200 Jahren gab, existiert noch. Die einzige am längsten bekannte Firma die noch existiert ist General Electric. Genau, die hat Thomas Alva Edison gegründet, der Erfinder der Glühbirne. Also stimmt es doch nicht? Was also wenn ich in eine Aktie mein Geld stecke und in 10 Jahren gibt es die nicht mehr?

Da wir keine Glaskugel haben, spielen wir immer mit Wahrscheinlichkeiten. Und diese Wahrscheinlichkeit muss soweit es geht, an 100% heran kommen. Wie wahrscheinlich ist es, daß morgen ein Asteroid die Erde trifft? Wie groß ist die Wahrscheinlichkeit, daß Du morgen aus dem Haus gehst und Dir ein Blumentopf auf den Kopf fällt? Du hältst das für verrückt? Aber genau darum geht es. Wenn Du bei Deiner Versicherung Geld hast, wie groß schätzt Du die Wahrscheinlichkeit ein, daß die Versicherung pleite macht und Dein Geld weg ist? Ah – ist ja rückversichert. Okay – wie groß schätzt Du die Wahrscheinlichkeit ein, daß die Rückversicherung pleite macht? Ah – da springt ja dann der Staat ein (Stichwort Bankenrettung). Also – wenn die Rückversicherung nicht Pleite geht, Deine Versicherung aber eventuell schon, dann wäre es eventuell auch sicher, Aktien der Rückversicherung zu kaufen? Wenigstens um Totalverlust auszuschließen? Genau so ist es.

Das Erfolgsprinzip

Wenn „jemand" oder „etwas" Erfolg hat, dann wird das nicht morgen aufhören. „Etwas" kann eine Firma sein, ein Produkt, eine Dienstleistung what ever. Vielleicht kennst Du die Radiosendung „One Hit Wonder" ? Das sind Lieder von Künstlern die 1x in ihrem Lebe einen Hit hatten und dann nie wieder. DAS suchen wir NICHT! Wir suchen Mick Jagger, Elvis, Madonna, Michael Jackson, ABBA, etc. Sie hatten über langen Zeitraum immer wieder Erfolg. Warum? Weil es in ihnen steckt. Weil sie nicht anders können. Wenn ABBA wieder zusammen Musik machen würde, dann würde es wieder neue Welthits geben - ES GEHT NICHT ANDERS.

Ein Michael Schuhmacher, ein Boris Becker, ein Franz Beckenbauer haben es im Blut die besten sein zu wollen und das Zeug dazu es zu schaffen. Immer und immer wieder. DARAN musst Du dich orientieren und nicht an das unbekannte Talent, das etwas werden könnte. Klar – es könnte. Da ist aber die Wahrscheinlichkeit gegen Dich. Das ist Glücksspiel, Zockerei. Kann – muss aber nicht und zu 99% geht es schief. Produkte können kurzzeitig Highflyer sein. Wie der Zauberwürfel in den 80ern. Aber dann ist der Hype wieder vorbei und Du verdienst keinen Cent mehr damit. Ich habe einen Onlinehandel gegründet und die Erfahrung daraus läßt sich 1:1 übertragen. Es gibt Produkte, die nimmt man neu in den Shop auf und die verkauft man gleich am ersten Tag und am nächsten Tag wieder usw. und es gibt andere, die liegen erst einmal 2 Wochen im Lager, bis einer verkauft wird. Manchmal auch länger. Das sind dann die Ladenhüter. Der erfolgreiche wird immer wieder gekauft. Mit dem Ladenhüter kannst Du machen was Du willst, den will keiner. Auch nicht, wenn Du ihn auf die Startseite stellst oder Werbung schaltest. Kaufst Du den Ladenhüter vor einer Saison nach? Z.B. vor Weihnachten? DA könnte er doch jetzt laufen? Oder jetzt dafür Werbung schalten? Wohl eher trotzdem nicht, sondern Du stockst den erfolgreichen auf, weil der automatisch umso stärker nachgefragt wird. Auch Werbung lohnt sich mehr dort zu investieren was eh schon gut läuft. Ein

Widerspruch? Nein. Simpelste Tatsache. So kannst Du die Spreu vom Weizen trennen. Die Ladenhüter wirst Du im Preis reduzieren, damit Du sie überhaupt los wirst und die erfolgreichen behältst Du.

Rossmann kauft im Jahr 5000 neue Artikel habe ich gelesen. Aber nur wenige bleiben dauerhaft im Sortiment. Es wird ausprobiert und experimentiert, welche Artikel Erfolg haben. Und die wenigen erfolgreichen kompensieren alle anderen, die nicht so gut oder gar nicht laufen. Ein Aktiendepot ist hier fast das Pendant dazu. Aktien die schlecht laufen sollte man los werden und die gut laufen aufstocken. Die meisten machen es genau umgekehrt. Aktien mit Gewinn werden verkauft, damit man den Gewinn nicht wieder abgeben muss und Aktien mit Verlust hält man fest, weil man nicht mit Verlust verkaufen möchte. Da müßte man sich ja eine Fehlentscheidung eingestehen...

Bei unseren Aktien besteht dahingehend eher wenig Gefahr. Diese sogenannten Qualitätsaktien sind eher für die Ewigkeit gedacht. Selbst, wenn sie fallen. Der erwähnte Zauberwürfel ist die neue unbekannte Firma, die etwas Neues erfunden hat „und jetzt wie eine Rakete durch die Decke gehen wird". Ja ja – träum einfach weiter. Schau Dir das hier an – cool oder – DA wenn man dabei gewesen wäre, als es nach oben ging.

Ich WETTE, daß falls Du den Aufwärtstrend mitgemacht hättest, Du den Abwärtstrend auch mit machst. Es ist unsere menschliche Schwäche, deshalb wurden irgendwann Computer für den Aktienhandel eingesetzt, in der Hoffnung ohne emotionale Fehlentscheidungen mehr herausholen zu können. Es funktioniert bedingt, aber das können nur Banken mit großen Summen richtig nutzen. Da werden Millionen in Millisekunden mit der vierten Stelle hinter dem Komma gehandelt. Das Bild ist übrigens die Goldentwicklung von 2010 bis 2016. Absolut uninteressant wie man sieht.

Mit langweiligen Windeln die aber täglich gebraucht werden, kannst Du dauerhaft gutes Geld verdienen. Wie Du kannst das nicht? Du kannst keine Windeln herstellen und verkaufen? Ich auch nicht. Aber ich kann mich am größten Windelhersteller der Welt beteiligen (Procter&Gamble = Pampers) und werde Teilhaber dieses Erfolges. Ich kann keine schwarze Limonade erfinden und herstellen, die Millionen Menschen auf der Welt lieben und die Firma dahinter zur wertvollsten Marke der Welt gemacht hat (Coca Cola). Ich kann keine FastFood Kette aufbauen, in die tausende Menschen gerne zum Essen gehen (McDonalds). Ich kann keine Brillen Herstellen und erfolgreich verkaufen (Fielmann). All das kann ich nicht. Aber ich kann mir erfolgreiche Firmen und Geschäftsmodelle suchen und mich daran einklinken, beteiligen und mitverdienen. Nur nach welchen Kriterien finde ich gute Aktien? Das wird unser nächster Abschnitt und es ist Baby einfach!

Wie mir Pizza Hut mein Essen bezahlt hat

Ich habe heute ein witziges Erlebnis gehabt. Ich war mit meiner Familie bei Pizza Hut Essen und die Rechnung belief sich auf ca. 30 Euro. Am Nachmittag machte ich meine Post auf und was war da? Ein Brief von der Bank mit einer Dividendengutschrift von YUM Brands (Muttergesellschaft von Pizza Hut) über ca. 30 Euro. Das Familienmittagessen war also heute umsonst. DAS nenne ich mal gelungenes Return on Investment ;-)

Erfolgreiche Aktien finden

Erinnere Dich an das Erfolgsprinzip. Wir suchen Marathonläufer und keine 100m Spurter. Den Spurtern geht schnell die Puste aus und Du wirst nicht wissen, wer wirklich ins Ziel läuft. Setze auf das Pferd, das schon 20x gegen alle anderen gewonnen hat und nicht auf den Außenseiter, der zwar mehr Gewinn bringen würde, aber wahrscheinlich wieder nicht gewinnen wird. Da fällt mir noch Lotto als Beispiel ein. Die Wahrscheinlichkeit, daß Du ein Leben lang Lotto spielst und nichts gewinnst ist bei fast 100%. Also 99,999% wirst Du all Dein Geld damit verlieren. Wenn Du in Sachwerte investierst, hast Du fast 100% Chance, DIESES Geld zu behalten, ein vermögen damit zu erschaffen und davon leben zu können. Die Wahrscheinlichkeit ist FÜR Aktien und GEGEN Glücksspiel.

Wonach also Aktien auswählen? ThyssenKrupp ist doch ein grundsolides deutsches Unternehmen? Gab es zu Hitlers Zeiten schon, hat also lange überlebt. Könnte – was gutes sein? Nö!

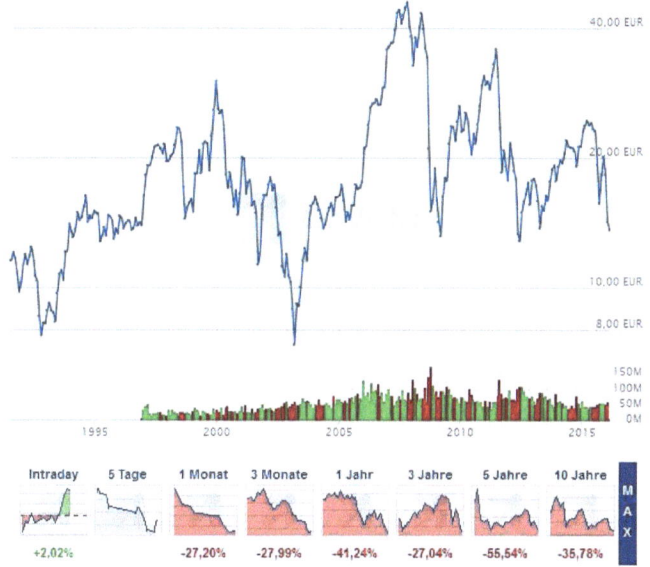

Das ist der Aktienkurs seit 1991. Was siehst Du? Geht rauf und runter und auf die letzten 10 Jahre hättest Du 36 % Minus gemacht. DAS ist KEIN gutes Investment! Du bekommst zwar ca. 1% Zinsen (Dividende) auf Dein Geld, aber das reißt es nicht mehr raus. Vielleicht ist Heidelberger Druckmaschinen besser?

Was sagt der fast schon Fachmann? Oh my God. Bloß weg hier. DAS ist eine Geldvernichtungsanlage. Letzte Beispiele - RWE

Und Barrick Gold:

All das sind KEINE guten Investments!

Wie sieht das ideale Investment aus? So:

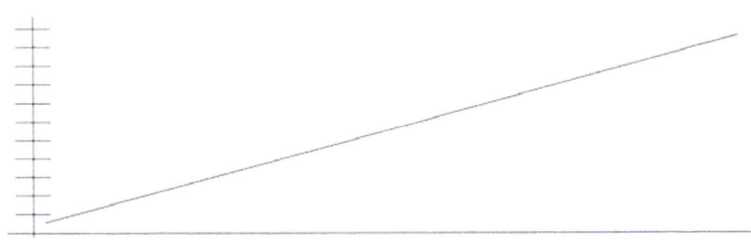

Es entwickelt sich wie ein Sparbuch von links unten nach rechts oben. Und mit Renditen von 6-12% pro Jahr! Gibt es nicht? Oh doch und mehr wie Du denkst. Nicht ganz so gerade wie im ideal, aber nahe dran. Musterbeispiel? Bitte sehr:

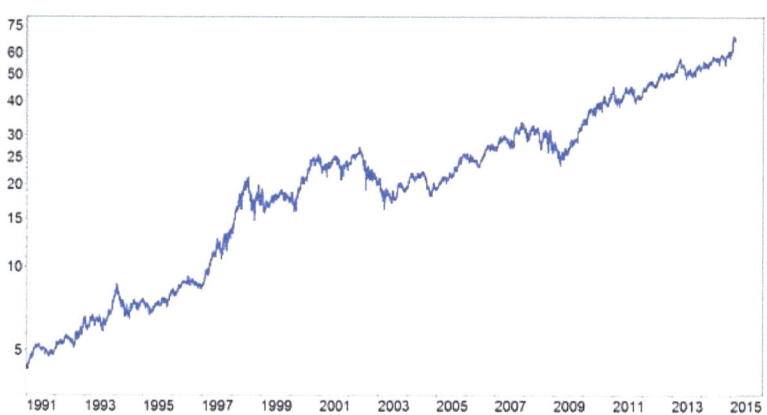

Ich habe das Bild nur ab 1991 gefunden, aber das geht seit 40 Jahren so. Durchschnittliche Aktienkurssteigerung 11% pro Jahr. PLUS 2-3% Zins/Dividende auf Dein Geld. Was das ist? DAS ist Nestlé in der Schweiz. Dazu gehören Marken wie Maggi, Herta, KitKat, Lion, Mövenpick, Nescafé, Nesquick, Nuts, Smarties, THOMY, Wagner, YES und noch viele weitere mehr. Wie groß denkst Du ist die Wahrscheinlichkeit, daß morgen niemand mehr Maggi Produkte kauft? Oder keine Smarties mehr ißt? Smarties gab es schon in meiner Kindheit und meine Kinder lieben sie auch und deren Kinder werden sie auch einmal lieben. Das geht also noch eine ganze Zeit so weiter. MIT SICHERHEIT. Die Größe der Firma macht auch etwas aus. Je größer die Masse, Kapitalmasse, Warenmasse, Mitarbeitermasse, Marktdurchdringungsmasse ist, um so träger reagiert diese Masse auch. Das verhindert einerseits, daß diese Aktie nach oben abhaut, aber auch daß sie nach unten abdriftet (Sicherheit). So, nun haben wir das Auswahlkriterium gefunden: Suche Aktien, die sich relativ gleichmäßig von links unten nach rechts oben entwickeln. Und mache das nicht auf 1-2 Jahre fest, sondern so laaange wie es zu finden geht. Am Ende werde ich Dir noch weitere Beispiele solcher Aktien auflisten und Dir sagen wo Du solche findest.

Jetzt noch ein weiterer Punkt, der wichtig ist. Es bringt Dir nichts, wenn diese Aktie zwar wie am Schnürchen nach oben wächst, aber in 20 Jahren nur 20% zugelegt hat. Du musst also auch noch die Steilheit der Entwicklung berücksichtigen. Sozusagen den Charakter dieser Aktie. Beispiel Siemens:

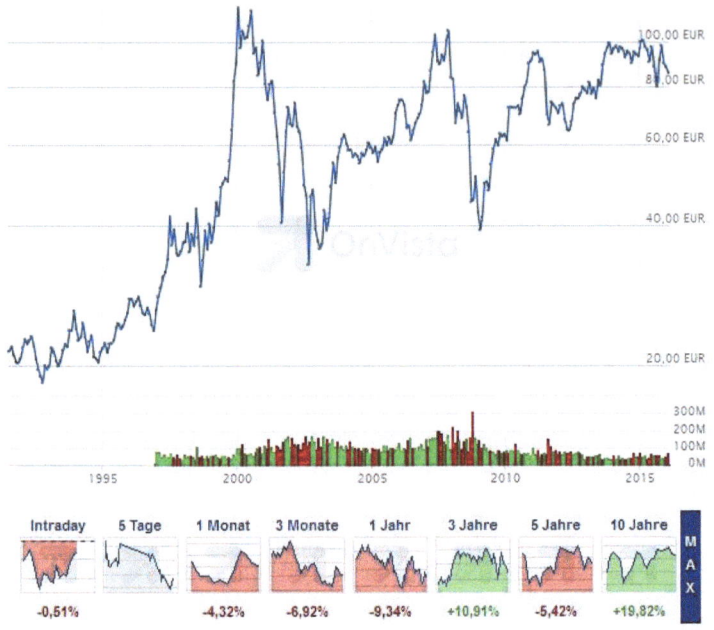

Siemens hat sich mit vielen Zacken und Haken von links unten nach rechts oben entwickelt. Aber in 10 Jahren nur 19,82 % mehr Wert entwickelt. Ein anderes Geschäftsmodell sieht so aus:

+249,64% in 10 Jahren. PLUS 2-3% Dividende. Was das ist? Schon mal bei McDonalds gewesen?

Wenn Dich das langsam genauso fasziniert wie es mich und viele andere Menschen fasziniert, dann bist Du hier richtig. DAS ist DEIN Zug, der Dich zur finanziellen unabhängig bringen kann. Wenn Du noch nicht genug Geld hast, um regelmäßig Aktien zu kaufen, dann sieh Dich um, was es an Fonds gibt. Ein Fonds beinhaltet mehrere Aktien und streut so das Risiko. Nachteil – er kostet etwas Verwaltungsgebühren und oft sind wg. staatlichen Auflagen neben guten Aktien auch Schrottaktien dabei. Aber auch hier gilt dasselbe Prinzip. Suche nach Fonds, die ruhig, stetig und steil nach oben wachsen. Zu empfehlen ist der BCDI Index Fonds von www.boerse.de der zusammen mit der deutschen Bank aufgelegt wurde. Hier kann man die nach www.boerse.de Kriterien 10 besten Aktien der Welt zusammen kaufen. Inhalt: (Altria, British American Tobacco, Church&Dwight, Colgate-Palmolive, Diageo, Fielmann, Hennes&Mauritz, McDonalds, Nestlé, Novo Nordisk)

Warum sagt einem das eigentlich sonst keiner? Ganz einfach. Man kann nichts daran verdienen. Und womit man nichts verdient, macht keinen Sinn, Energie aufzuwenden. Es muss immer erst ein Produkt dafür konstruiert werden, an dem dann Geld verdient werden kann. Z.B. ein Fonds, ein Sparplan, eine Versicherung. Warren Buffet ist der drittreichste Mann der Welt. Er hat eine Investmentfirma gegründet (Berkshire Hathaway) und gilt als der Vater dieser Strategie. Auch wenn er es SO nie erklärt hat. Gemacht hat er es trotzdem.

Natürlich wollte er sein „Geschäftsgeheimnis" nicht an die große Glocke hängen. Er hat immer ein Geheimnis draus gemacht. Er kauft unterbewertete Aktien, oder nur welche, wo er das Geschäftsmodell versteht. Aha – für mich hat er einfach geschaut, ob das was er kauft bereits Erfolg hat und dann noch versucht, dann zu kaufen, wenn der Kurs günstig stand. Genauso hat es Peter Lynch gemacht und war mit seinem Magellanfunds lange Zeit sehr erfolgreich. Alle Profis sind sich einig. Die erfolgreichste Strategie ist kaufen und liegen lassen. Nichts zu tun ist aber manchmal fast unerträglich. Besonders wenn es abwärts geht und man zusieht, wie das Vermögen täglich weniger wird. DAS gilt es zu lernen und auszuhalten. Kostolany: „Erst kommt der Schmerz, dann das Geld".

Für mich ist diese Strategie so einfach und simpel wie Fahrradfahren. Und doch halten sich 1000sende Analysten und Fondsmanager an andere Kriterien um den Markt zu schlagen. „Den Markt" – das sind die großen Indizes wie DAX und Dow Jones. Deren Inhalt ist nicht gerade klug gewählt. Wenn man einfach die 30 größten Firmen eines Landes zusammen packt, heißt das nicht zwangsläufig, dass das auch die 30 besten sind. Und genauso ist es auch. Ich weiß nicht wie die Gewichtung genau ist, aber lassen wir es 15 gute und 15 mittelmäßige Aktien sein, dann wird der Schnitt etwas besser als mittelmäßig sein. So repräsentiert das eben die Weltwirtschaft mit allen seinen Komponenten, wie der Warenkorb für die Verbraucherpreisteuerungsrate und Inflation auch preisstabile und weniger preisstabile Produkte beinhaltet. Für unsere Anlageentscheidung ist das aber nicht brauchbar.

Ein nettes Beispiel, warum Du bei irgendeinem Fonds genauso schlecht beraten sein kannst, als würdest Du Lotto spielen:

Die Tageszeitung Chicago Sun Times ließ mehrere Jahre lang Anfang Januar einen Affen fünf Aktien zu einem Portfolio zusammenstellen. Der Affe hieß

Adam Monk und saß mit einem Bleistift vor dem aufgeschlagenen Wall Street Journal. die Aktien, die er ankreuzte oder umkringelte, wurden gekauft. Die meisten Jahre hat Adam Monk den Dow Jones Index geschlagen. Damit lag er weit über dem Durchschnitt aller hochbezahlten Wertpapierberater.

Adam Monk hat Kollegen überall in der Welt. In Russland gab es den Schimpansen Lusha, der wählte acht aus 30 als Bauklötze verkleideten Aktien aus. Das Portfolio verdreifachte sich im Jahr darauf und katapultierte Lusha in die besten fünf Prozent aller russischen Investmentfonds-Manager. Eine Artgenossin, das Schimpansenmädchen Raven, durfte Pfeile auf eine Liste mit 130 Internetunternehmen werfen. Das so ausgewählte Portfolio wuchs im ersten Jahr um 79 Prozent, im zweiten Jahr um 213 Prozent, damit wäre Raven auf Platz 22. von mehreren hundert amerikanischen Investmentmanagern des Jahres 2000 gewesen.

Auch andere Tiere machen bei dieser Übung mit. In Südkorea war es kürzlich ein Papagei. In einem sechswöchigen Börsenspiel zusammen mit zehn professionellen Börsenmaklern belegte er Platz 3, er suchte sich seine Aktien mit dem Schnabel aus.

Was sagen uns diese Beispiele? Daß es keine Treffermöglichkeit gibt? Nein. Es sagt aus, daß es innerhalb dieser kurzen Zeitspanne keine verlässliche Vorhersage gibt. Solche Beispiele halten uns davon ab zu investieren. Sie suggerieren, dass alles nur Glücksspiel ist. Also lassen wir die Finger davon. Daß eine wohldurchdachte Anlageentscheidung mit einem Zeithorizont von 5-10 Jahren ganz andere Ergebnisse hervorbringt – DAS wird nicht mehr weiter erörtert. Vielleicht sollen wir auch im Dunkeln tappen, damit diejenigen die an den Hebeln sitzen weiterhin das dicke Geld einstreichen können. Ab jetzt nicht mehr. Ab heute weißt Du Bescheid und wirst selbst ein Teil dieser elitären Gruppe und Du wirst wissen, wie Du davon profitieren kannst.

Das große ganze

Wie im Großen so im kleinen und umgekehrt. Warum sehen Atome genauso aus wie Planeten? Ein runder Kern (Atomkern/Planet) und etwas das drum herum schwirrt (Elektron/Mond). Ich weiß es nicht, aber Du findest solche Beispiele immer wieder. Jeder Baum sieht im Ganzen so aus, wie seine Äste, wie seine Zweige, wie seine Nadeln. Man kann Bäume sogar mathematisch berechnen. Ein Programmierer hat Bäume auf dem Computer erzeugt, die rein nach mathematischer Formel aufgebaut sind. Ein Parameter anders und es wird eine Buche, ein anderer anders und es wird eine Birke usw. Oder Fraktale, auch die sehen im Großen aus wie im Kleinen. Auch in der Weltwirtschaft gibt es große und kleine Bewegungen. Wir müssen BEIDE kennen um zu sehen wo wir stehen. Sieh Dir diese Grafik an:

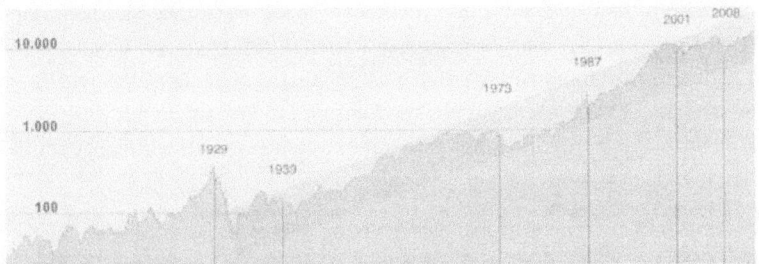

Das ist die Weltwirtschaft seit 100 Jahren.

Was will ich damit sagen? Wenn Du einen Samen einer Eiche kaufst, dann WEISST Du was Du tun musst, damit daraus eine Eiche wird. Du musst ihn einpflanzen, gießen, düngen, er braucht Licht usw. Und dann braucht er Zeit – viel Zeit um zu wachsen. Es wird nicht morgen ein großer Baum da stehen. Genauso ist es mit Deinem Vermögensaufbau. Es geht nicht von heute auf morgen. Es muss wachsen. Aber Du kannst die Geschwindigkeit im Rahmen Deiner Möglichkeiten und Fähigkeiten bestimmen.

Schau Dir die Grafik an und den Kanal, der eingezeichnet ist. Im Jahr 2000 sind die Kurse am oberen Rand angestoßen. Das war die Internetblase. Die hat dann fast 13 Jahre lang korrigiert. Das heißt die Kurse haben sich wieder normalisiert und in die Mitte des Kanals zurückgezogen wo sie eigentlich hin gehören sollten. Das Durchschnittswachstum der Welt sollte eine gerade Linie in der Mitte sein. Zu viel ist nicht gut und zu wenig ist auch nicht gut. Jetzt haben wir 2016 und der Chart sieht seit 20 Jahren so aus:

Wenn ich nun hier die die Mittellinie einzeichne, dann sieht das so aus:

Siehst Du auch was ich sehe? 2000 war die DOTcom Blase. Ein ziemliches Weggehen nach oben von der Linie. Dann gab es eine heftige Korrektur, die aber nicht bis ganz unter ging. Es lief dann weiter bis 2008, dann kam die Bankenkrise. Jetzt endlich hat es weit genug korrigiert und oft schlägt das dann wie ein Pendel nach unten durch, wie es hier passiert ist. Dann hat sich das zu viel nach unten wieder nach oben korrigiert und hat den „normalen" Fahrplan wieder aufgenommen. Bis 2014/15 es wieder etwas zu weit nach oben gelaufen ist und Anfang 2016 mit einer heftigen Bewegung korrigiert.

Dieser „Katzenbuckel" den Du siehst, wird gerade korrigiert. Und wie weit geht das runter? DAS weiß NIEMAND. Aber es gibt Anzeichen, die etwas erkennen lassen. Normal geht es Schubweise nach unten. Runter, kurz nach oben, weiter runter usw. Wenn es unten „rumzuckelt" vielleicht auch noch leicht positiv, dann könnte es am Ende angekommen sein. Die großen Player steigen jetzt wieder ein. Aber sie machen das nicht auf einmal. Sonst würden sie sich selbst die Preise teuer machen. Sie machen das Häppchenweise. Das sieht man dann am Kurs. Da geht es dann 1-2 Tage nach oben, dann wieder 1-2 Tage nach unten usw. Beim Dow Jones sieht man das gerade sehr deutlich als kleinen Sägezahn, der tendenziell nach oben geht:

Die Linie ist für Charttechniker interessant. Da sagt man, wenn es im Allgemeinen nach unten geht und man alle obenliegenden Spitzen mit einer Linie verbindet und der Chart diese Linie nach oben verlässt, dann ist das ein Kaufsignal. Also ab da sollte es wieder nach oben gehen. Verkaufssignal wäre dann umgekehrt. Wenn es allgemein nach oben geht, die unteren Spitzen verbinden und wenn der Chart dann nach unten ausbricht, dann sollte man verkaufen.

Aber wir sind keine Trader, sondern Investoren. Das nur der Vollständigkeit halber und vielleicht eine Hilfestellung für eine generelle Kaufentscheidung, wenn Du Aktien kaufst. Im weltwirtschaftlichen Kontext sieht man auch, daß JEDER Crash eine vorherige Übertreibung war. 1929, 1987, 2001, 2008. Hinzu kommen noch die sogenannten KGVs. KGV = Kurs Gewinn Verhältnis. Das steht bei jeder Aktie dabei. Das sagt aus, wie viele Jahre eine Firma den jetzigen Gewinn machen muss, damit der jetzige Aktienkurs gerechtfertigt ist. Zur DOTcom Blase gab es KGVs von 300 und mehr. Normal sind es um die 20. Auch das ist momentan alles im grünen Bereich. Also wenn man das unter diesem Aspekt ansieht, dann sieht es so aus, als wäre alles gut im Mittel.

Aber das ist nur meine persönliche Meinung. Wir werden sehen, was die Zukunft dazu sagt. Es gibt einen schönen Spruch von André Costolany, der teuerste Spruch an der Börse ist: „Dieses Mal ist alles anders". Warum? Weil es eben NICHT anders wird. Same procedure as last year Mrs Sophie? Yes, the same procedure as every year James! Computer haben seit den 80ern nicht für schnelleres Wachstum gesorgt. Auch das Internet hat NICHT dazu geführt, daß alles schneller wächst. Die Bankenkrise hat uns NICHT in den Abgrund gezogen. Es geht weiter, so wie es das immer getan hat und weiter tun wird. Und das klappt nicht nur bei Indizes wie DAX und Dow Jones, das funktioniert auch bei Einzelaktien. Aber den Chart immer auf MAX und Logarithmisch einstellen! Noch ein aktuelles Beispiel? OK – was würdest Du zu dieser Aktie sagen?

Zeigt von links oben nach rechts unten. DAS ist nichts für uns. FALSCH! Der Anzeigezeitraum ist zu kurz (1 Jahr). Du stehst vor dem Wald und siehst die Bäume nicht. Und jetzt die Anzeige seit 25 Jahren:

Ooooh – das sieht ja ganz anders aus. Das hat die DOTcom Blase fast nicht mitgemacht, hat 2005-2008 die Übertreibung mitgemacht (wie fast alle Aktien), hat dann 2008 mit der Bankenkrise mit korrigiert und Jan2015 hat sie wieder zu weit nach oben gedreht und dann wieder korrigiert. Yes, the same procedure as every year James! Es wird auch diese mal nicht anders sein. Irgendwann wird der Kurs wieder seinen normalen Verlauf einnehmen. Wenn ich versuche eine Mittelline – sozusagen als Wachstumsline einzuzeichnen, dann sieht das so aus:

Und wenn man nicht blind ist, dann würde das bedeuten, daß diese Aktie gerade unterhalb ihrer Wachstumslinie ist und günstig her geht. Im Fachjargon heißt das sie ist unterbewertet. Was machst Du wenn im Supermarkt die Spaghetti gerade billiger sind? Dann kaufst Du mehr, weil Du Dir was sparen möchtest. Morgen werden sie wieder teurer sein. Warum machen wir das nicht, wenn es um Aktien geht? Weil wir Angst haben, Geld zu verlieren, wenn wir kaufen und der Kurs dann noch weiter runter geht.

Bei Spaghetti wirst Du Dich auch ärgern, wenn Du sie morgen irgendwo noch billiger siehst. Aber das akzeptiert Du dann „Hab ich ja nicht wissen können". Und Du hast die Spaghetti physisch in der Hand. Bei Aktien reagieren wir anders, weil es Geld ist, das wir verlieren könnten. Und weil wir denken, dieser Firma kann es ja nicht gut gehen, wenn der Kurs so runter geht. Der Kurs ist vermutlich auch runter gegangen, weil es negative Meldungen gab. Ich habe diese Meldungen nicht gehört. Ich sehe nur was ich sehe. Ich muss nicht einmal wissen, wie die Firma heißt. Der Chart genügt um eine Anlageentscheidung zu treffen. Glaubst Du nicht? Ich weiß nicht mehr ob es der Film „Der Banker" war. Irgendwo habe ich in einem Film ein Bürozimmer gesehen. Da saß ein Fondsmanager am Schreibtisch und hat nach lohnenswerten Anlagen gesucht. Er hat nicht Bilanzen oder endlose Zahlen gewälzt. Nein – er hat sich einen Chart nach dem anderen angesehen. Nichts weiter. Die schlechten nach links, die guten nach rechts. So einfach kann es sein, wenn man weiß, worauf es ankommt. Und es ist das EINZIGE wonach wir uns orientieren können. Natürlich ist es kein Garant, daß es funktionieren wird. Aber die Vergangenheit hat eher gezeigt, daß es genau SO geht und nicht, daß es SO nicht geht. Sehr dazu passend dieser Artikel, den ich einmal gelesen habe:

Lt. einer Studie wären, wenn man die letzten 100 Jahre immer in die Gewinner der letzten 12 Monate investiert hätte aus 100 Euro 4,6 Mio. Euro geworden. Hätte man immer in die schlechtesten investiert, wären 115 Euro daraus geworden. Auch Aktienclubs und einschlägige Literatur setzen langfristig auf Aktien, die seit sehr langer Zeit einen gesamt positiven Trend haben.

Oh – entschuldige, ich habe den Namen dieser Aktie noch gar nicht erwähnt. Es ist Air Liquide. Das französische Pendant zur deutschen Linde AG. Da beide im gleichen Geschäftsfeld arbeiten, sehen auch die Aktien ähnlich aus. Nur läuft Air Liquide viel ruhiger und stetiger nach oben. Hier zum Vergleich Linde:

Wenn ich noch einmal mein „Erfolgsprinzip" heranziehen und vertiefen darf: Nehmen wir einen Manager, der auf der Suche nach einem Talent ist. Denkst Du der macht das nach Methode Glaskugel, seinem Bauchgefühl, oder auf gut Glück? BESTIMMT NICHT ! Z.B. Michael Schumacher war als Kind und jugendlicher ein erfolgreicher Scartfahrer. Sein Entdecker hat gesehen, daß er kontinuierlich Erfolge gehabt hat. Seit mehreren Jahren. Diesen Erfolgsdrang, hat er aufgegriffen und weitergeführt. Nicht anders war es bei Boris Becker, Steffi Graf, Schauspielern, Sängern, Geschäftsideen, Produkten usw. usw.

Wogegen wir bei Menschen keinen Linienchart haben um ihren Erfolg messbar zu sehen, sind Aktien herrlich einfach und transparent. JEDER kann es sehen, wenn er hinschaut und versteht, auf was zu achten ist. Oh – jetzt kommt eine Stimme, die sagt: „Ja ja, aber wenn Du damals 1000 Euro auf Microsoft gesetzt hättest, dann wärst Du heute Millionär". Richtig – nur schwöre ich Dir, selbst wenn Du es gemacht hättest, Du hättest das nicht 30 Jahre lang durchgezogen. Spätestens als Du 100.000 Euro damit gehabt hättest (wahrscheinlich wesentlich früher) und eine Korrektur Dir 50.000 Euro wieder weggenommen hat, hättest Du vor Panik verkauft und nicht so schnell wieder ge-kauft. Das sind Beispiele die nicht realitätsnah sind. Erst musst Du Deine Hausaufgaben machen und wie in jedem anderen Beruf, oder Hobby lernen wie es funktioniert. Du musst Dich einlesen, einfühlen, ausprobieren, Fehler machen, Erfolge sammeln und dann kannst Du Dich immer weiter aus dem Fenster lehnen, ohne herunterzufallen.

Das heißt für unsere Sache hier: KEINE AKTIEN DIE NEU SIND kaufen! Dir wird nichts weglaufen. Nestlé wurde 1867 gegründet und gibt es seit über 40 Jahren als AG und immer noch – oder gerade deswegen wird dafür weiteres Wachstum prognosziziert. Wenn Du nicht weißt, wie der Markt auf eine neue Aktie reagieren wird, dann schau erst einmal zu was passiert. Wenn Du nach Zeit X (z.b. 1 Jahr) eine positive Tendenz nach meinem Prinzip siehst, dann kannst Du ein Engangement in Erwägung ziehen. Aber je länger der Zeitraum der positiven Entwicklung ist, umso verlässlicher wird Dein Investment sein.

Wenn ich also eine Idee habe, Firma XY könnte doch eine lohnende Beteiligung sein? Dann schaue ich mir erst genau an, wie sich der Kurs in der Vergangenheit entwickelt hat. Daraus folgere ich – das könnte ungefähr so weiter gehen. Und da sehr viele nach diesen Regeln Geld in genau diese Aktien investieren, ist davon auszugehen, daß das so weiter gehen wird. Es gibt Versicherungen, Rentensparpläne und sonstige Geldinstrumente, in die jeden Monat Geld eingezahlt wird. Und irgendwo muss da ja hin. Mit vielem davon werden genau diese dauerhaft steigenden Aktien gekauft, wodurch sie auch weiter dauerhaft steigen werden. Es sei denn, Du zahlst nichts mehr in Deinen Rentensparplan ein, mit dem Deine Bank Aktien kauft. Da Du aber für Deine Rente vorsorgen musst, wird dieser Geldfluß nicht versiegen. Wie hört sich das an? Genau – wie eine Unmöglichkeit, daß diese großen Qualitätsaktien fallen könnten. Passieren kann ALLES. Aber die Wahrscheinlichkeit spricht dagegen.

Wie sieht es bei ZALANDO aus? Jeder kennt es inzwischen und der Börsengang ist noch nicht lange her. Sehen wir uns den Chart an:

Gesamtentwicklung ist positiv. Könnte man versuchen, wenn man Risikofreudig ist. Ist aber noch hochriskant. Nach 5 Jahren kann man mehr sagen. Von der Spitze bis jetzt -25% runtergefallen. Könnte nach diesen Kriterien eine Chance sein. Aber +60% in einem Jahr ist halt auch etwas viel für ein Schuhgeschäft...

Noch etwas zur allgemeinen Wertentwicklung. Damit Du NIE WIEDER ARBEITEN MUSST, brauchst Du eine Mindestrendite von 100% in 10 Jahren. Mehr geht auch, wie Du bei McDonalds mit 249% gesehen hast. Es gibt auch weitaus höhere Werte. Ross Stores hat 726% gemacht, AMAZON hat 1400% gemacht und Wirecard 5643% in 10 Jahren! Mit Wirecard wären in 10 Jahren aus 10.000 Euro eine halbe Million geworden. Nur eines von vielen Beispielen. Hier der Chart von Wirecard:

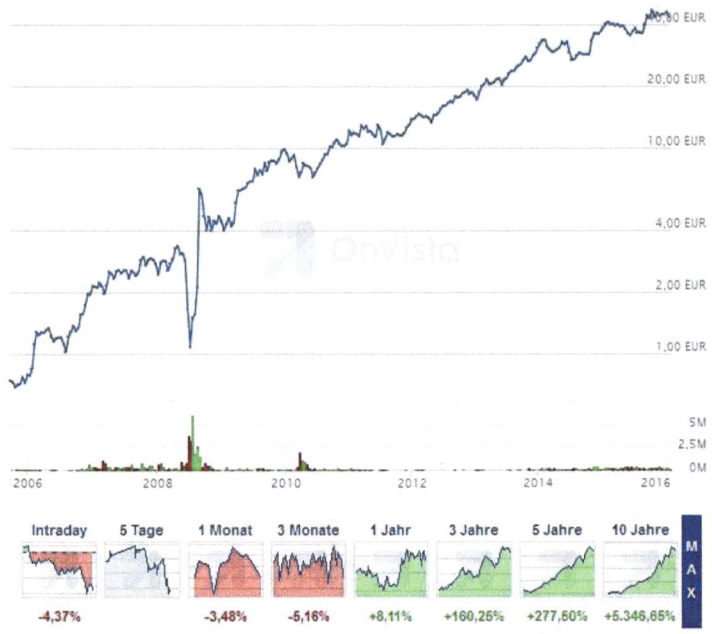

Ob das so weiter geht weiß niemand. Vor 10 Jahren hättest Du Dich das Selbe gefragt und +5346% versäumt. Warum man nicht nur auf steigenden Kurs achten muss, zeige ich Dir bei Danone. Seit 20 Jahren ein steigender Kurs. Das wäre ja ok. Aber von 1991 bis 2016 nur 300% Plus? Da verhungern Dir die Hühner.

Neben Zalando ging 2015 auch ein anderes aussichtsreiches Unternehmen an die Börse: Alibaba. Das ist die AMAZON in China. AMAZON hat ja eine beeindruckende Entwicklung gemacht. Also könnte das ja auch? Ja – klar – könnte – tut es aber nicht. Oder momentan nicht. Lt. Chart sieht das jedenfalls nicht gut aus:

Was haben wir gelernt?

Suche Aktien, die seit Unternehmensbeginn eine positive Entwicklung haben. Deren Aktienkurs sich von links unten nach rechts oben entwickelt, ruhig verläuft und nicht rumzappelt wie ein Kuhschwanz und die einen Charakter haben, der Dir pro Jahr 6, 8 oder 12% Wertsteigerung bringt. Wenn Du risikobereiter bist, kannst Du auch Aktien finden, die mehr Steigerungsrate haben. Aber VORSICHT. Was steiler nach oben geht, geht auch bei Problemen steiler nach unten.

Weitere GRUNDSÄTZE: Setze NIEMALS alles auf eine Karte! Und wenn es noch so sicher aussieht. Und MACHE NICHTS AUF PUMP !!! Wenn Du 100% verlieren solltest (was nicht passieren wird), hast Du wenigstens NULL und nicht negativ. Streue das Risiko auf mehrere Aktien. Und auch nicht 10 Konsumaktien, weil sich gleiche Segmente auch immer ähnlich bewegen. 1x Konsum, 1x Ernährung, 1x Hygiene, 1x Medizin, 1x Reisen, 1x Freizeit, 1x Beauty, 1x Öl, 1x Software usw. Am besten auch noch in verschiedene Weltregionen aufteilen. Leider gibt es nur in einer Region wirklich gute Aktien und das ist USA. Dann kommt Europa und dann lange nichts. Bzw. nur noch vereinzelt wie z.b. Samsung.

Das haben viele Neulinge zur Jahrtausendwende nicht beachtet. Kunde bei seiner Bank: „Ich brauche 100.000 Euro" Bank: „Was mache Sie damit?" Kunde: „Ich kaufe davon Aktie XY. Nächste Woche bekommen Sie das Geld zurück, dann habe ich das Geld verdoppelt. Eigentlich könnten Sie mir schon mal einen Vorschuß vom Gewinn geben". Nur blöde, daß sich diese Aktie nicht verdoppelt hatte, sondern 90% verloren hat – wie viele andere damals auch und manche Börsenstars wie EM.TV gibt es heute gar nicht mehr.

Also – Sicherheit hat oberste Priorität! Wenigstens soweit man das Risiko eingrenzen und kalkulierbar machen kann. Das Risiko Geld zu verlieren, wenn Dein Geld auf der Bank liegt, ist jedenfalls mindestens genauso groß. Du hast also die Wahl der Qual. Entweder Bank oder Geldinstrumente und SICHER Geld verlieren, oder Geld in Sachwerte wie Aktien stecken und eventuell einen Teil (selten alles) verlieren, aber auf der anderen Seite die Chance haben, mehr daraus zu machen. Meine Meinung? Ganz klar – ich stelle mich auf die Seite der Chance.

Auf Sicht von 30 Jahren geht die Wahrscheinlichkeit Geld an der Börse zu verlieren statistisch gegen NULL. Wenn Du also z.B. für Deine Rente vorsorgen möchtest, hast Du noch eine gewisse Zeit vor Dir. Und 30 Jahre lang in einen Rentensparplan einzuzahlen, bei dem Dir heute Gott und die Welt versprochen wird und Du dann nach 30 Jahren in die Röhre guckst, weil sich die Gewinne doch nicht so entwickelt haben, die Inflation Dir alles weggefressen hat oder zwischendurch eine neue Währung eingeführt wurde, die es Dir Dein Bargeld 1:10 abgewertet hat – dann erscheint das Risiko sich auf Aktien einzulassen doch das kleinere Übel zu sein. Trotzdem – mach nicht irgendwas, sondern mach es richtig und so sicher wie es eben geht.

Turnarounds & heiße Tipps

Es gibt Menschen, die sind felsenfest davon überzeugt, wenn sie auf den Außenseiter Feuerblitz beim Pferderennen setzen und der gewinnt, dann gewinnen sie 1000:1 und es könnte ja passieren. Feuerblitz ist seit 12 Jahren im Dienst und hat NOCH NIE einen ersten Platz gemacht. Genau deswegen ist ja auch die Quote so hoch. Die Wahrscheinlichkeit, daß der Gaul mal gewinnt geht gegen NULL und daß Du Dein Geld verlierst, wenn Du auf ihn setzt, geht gegen 100%. Ein Herzchirurg war anfangs mal richtig gut. Dann hatte er einen leichten Schlaganfall. Seitdem doktert er so vor sich hin, ab und zu geht halt mal ein Patient hops – was solls? Die Quote der Patienten, die es nicht schaffen geht inzwischen gegen 90%. Ein typisches Formtief. Naja – das wird schon wieder. Der erholt sich schon wieder. Der war ja früher auch mal besser, so was verlernt man ja nicht, usw. usw. Ein typischer Turnaround Kandidat. Eine Turnaround Aktie ist eine, die stark an Wert verloren hat und jetzt warten alle auf ein Comeback. Damit kann man sehr gut Geld machen. Stell Dir vor, eine Aktie geht von 100 Euro auf 2 Euro runter und dann irgendwann wieder auf 100 Euro rauf. Wenn Du 1000 Euro einsetzt, hättest Du danach 50.000 Euro. Es gibt solche Kandidaten. Auch einen Börsendienst, der sich auf solche Werte spezialisiert hat. Der Glücksfaktor spielt da aber wohl die größere Rolle, als Vernunft und Investorenlogik. Oder würdest Du Dich im Fall der Fälle von diesem Herzchirurgen operieren lassen und hoffen, daß Du der erste bist, bei dem es wieder klappt? Oder lieber bei Dr. Herzlieb, bei dem noch kein einziger Patient jemals ins Gras gebissen hat? Die Antwort kannst Du Dir denke ich selber geben. FINGER WEG VON TURNAROUNDS!

Ebenso FINGER WEG von heißen Tipps. Egal aus welcher Ecke dieser Tipp kommt. Sobald Du ihn erfährst, bist Du wahrscheinlich schon der letze in der Kette und kaufst zu überteuerten Preisen. Gewinnen tun nur die, die sich schon lange mit dieser Aktie eingedeckt haben und nun versuchen mit dem Heißen Tipp den Kurs nach oben zu bewegen. Wenn Du auf so etwas abfährst, dann spiele lieber Lotto. Da hast Du zwar auch keine Chance, aber da ist der Nervenkitzel wenigstens nach 1 Woche wieder vorbei und der Einsatz/Verlust vermutlich nicht ganz so dramatisch hoch.

Lotto

„Also bevor ich 20 Jahre mein Geld in Aktien stecke und dann alles verliere, da spiele ich lieber Lotto". Gut – mach das. Gewinnwahrscheinlichkeit 1 zu 14 Millionen. Klar kann man. Man kann auch vor die Tür gehen, auf einer Bananenschale ausrutschen, sich den Kopf stoßen und tot sein. Die Wahrscheinlichkeit ist einfach gegen Dich. Wenn Du nicht möchtest, daß Du mit 80 feststellen musst, daß 60 Jahre lang, jede Woche 100 Euro Lotto spielen leider nicht das gewünschte Ergebnis gebracht hat, dann wach auf und nimm das Geld für das Du Lotto spielen würdest und investiere es vernünftig. Du wirst mit hoher Wahrscheinlichkeit NIE 100% verlieren, wenn Du in Firmen wie Coca Cola, Mc Donalds, Münchner Rück, Procter & Gamble, Unilever, L'Oreal, Samsung usw. investierst. Sogar am Berliner Zoo könntest Du Dich beteiligen (rate ich aber ab). Mit Lotto spielen wirst Du mit 99,999999%iger Sicherheit ALLES verlieren. Die Chance liegt klar auf der Seite der Aktien.

Jetzt ein spannender Abschnitt: Die Macht des Zinseszins und der Dividende

Zinsen sind nett – ich habe in den 80ern noch 6-7% erlebt. Meine Mutter ganz kurz in den 70ern 12%. Sie sagte immer, sie hat sich von 1 Jahr Zins einen neuen Fernseher kaufen können und die haben damals um die 1600 DM gekostet. Diesen Spruch habe ich noch gut im Gedächtnis. ICH wollte mir einmal von 1 Jahr Zins ein Auto kaufen können...

Also: Die Macht des Zinseszins. Wer 1000 Euro auf einem Sparbuch hat und sagen wir 3% Zins im Jahr bekommt, bekommt nach 1 Jahr 30 Euro. Wenn Du die 30 Euro nimmst und Dir etwas kaufst, geht das wieder von vorne los. Ein weiteres Jahr und Du bekommst wieder 30 Euro, etwas kaufen usw. Was passiert, wenn Du Dir nichts kaufst? Dann sind das nach 1 Jahr 1030 Euro und im nächsten Jahr 1060,9 Euro. Das sieht nach nicht viel aus. „Nur" 0,90 Euro mehr als im ersten Jahr. Ja – das gemeine ist, je länger man das macht, um so mehr wird es. Es geht logarithmisch nach oben. Im Jahr 30 kommen keine 30 Euro mehr dazu, sondern 70,70 Euro. Das ist mehr als das Doppelte. Endkapital nach 30 Jahren wären 2427,26 Euro. Das ist nicht dramatisch, aber es waren auch nur 3%.

Kommt doppelt so viel heraus, wenn ich doppelt so viel Zins bekomme? Ich rechne mit meiner EXCEL Tabelle nach und komme auf 5743,49 Euro. Doppelt wäre 4854,52 Euro gewesen. Differenz = 888,97 Euro mehr. Also mehr Zins macht auch überproportional mehr Geld. Die westlichen Weltbörsen sagt man entwickeln sich im Schnitt mit 6-9% pro Jahr. Nehmen wir als Mittelwert 7,5%, dann wären aus unseren 1000 Euro nach 30 Jahren 8754,96 Euro geworden. Das ist das 3,6 fache. Und jetzt rechne hoch: Wenn Du jeden Monat 200 Euro weglegst und sinnvoll investierst, dann hast Du nach 30 Jahren 249.624 Euro. Wenn Du es schaffst 500 Euro wegzulegen, kommst Du auf 624.641 Euro und bei 1000 Euro entstehen 1.248.122 Euro. Die berühmte Schallschwelle 1 Mio. Du kannst auch versuchen mehr Rendite als 7,5% zu schaffen. Unmöglich ist das nicht. Warren Buffet – der drittreichste Mann der Welt und Investorenlegende hat im Schnitt 27% pro Jahr für seine Anleger geschafft. Bei „nur" 20% und 100 Euro pro Monat bekommst Du 1.465.733 Euro zusammen. Mehr als bei dem Beispiel mit 1000 Euro pro Monat und 7,5 %. Was Du also brauchst ist entweder viel Geld oder eine hohe Rendite. Geh den Mittelweg, das wird das realistischste sein und erspart Dir eine Enttäuschung. Es soll Dir nur zeigen, was machbar ist. Alleine mit Néstle und ca. 11% pro Jahr werden aus 200 Euro pro Monat ca. 483.094 Euro nach 30 Jahren. Und die Dividende ist noch gar nicht berücksichtigt. Der wichtigste Faktor ist Zeit. Je jünger Du bist und umso früher Du beginnst Vermögen für Deine Freiheit aufzubauen, umso mehr Chance hast Du es früh genug zu schaffen unabhängig zu werden. Es hilft Dir nicht, der reichste Mann auf dem Friedhof zu werden. Es soll nur veranschaulichen was machbar ist und welche Power dahinter steckt. „Warum macht es dann nicht jeder?". Warum machst DU es nicht? Weil das ein Thema ist, das uns nirgends beigebracht wird. Frag doch jemanden auf der Straße ob er Aktien hat. Der wird verwundert den Kopf schütteln. Und wenn Du ihn frägst, warum er keine hat, bekommst Du als Antwort „ich bin ja nicht lebensmüde" oder „für so was habe ich kein Geld übrig". Aber nächsten Freitag wieder einen Lottoschein ausfüllen. DAFÜR hat er schon Geld übrig. Wir haben Angst vor diesen Teufelsdingern, die Dein ganzes Geld vernichten können. Weil es uns nie jemand vernünftig erklärt hat.

Jetzt wird es NOCH spannender!

Dividende ist der Zins einer Aktie. Nicht jede Aktie bezahlt Dividende, aber viele tun es. In Deutschland werden Dividenden 1x im Jahr ausbezahlt, in USA alle 3 Monate. Ganz wenige zahlen monatlich, mir sind ca. 15 bekannt, aber nur eine kann ich guten Gewissens empfehlen. Alles andere ist Schrott. Du findest sie am Ende des Buches in der Liste. Was ist besser? 5% von einer Bank oder 3% von einer Aktie? 3% von einer guten, steigenden Aktie! Warum? Du steckst z.B. 10.000 Euro in Coca Cola. Nach 30 oder 40 Jahren ist Dein eingesetztes Geld

100.000 Euro wert. 3% sind dann 3000 Euro, also 30% von den eingesetzten 10.000 Euro richtig? Von Deiner Bank bekommst Du immer noch „nur" 5%. Schau also nicht nur auf die Kursentwicklung, sondern auch darauf, daß eine Aktie Dividende auszahlt. Warren Buffet hat vor 30 Jahren Coca Cola Aktien gekauft. Egal wie viel es war. Lassen wir es 20 Mio gewesen sein. Heute bekommt er dieselbe Summe JEDES JAHR an Dividende. Das sind 100% Zinsen auf den Einsatz! Auch DAS ist die Magie die in den Aktien verborgen ist. Diese Anlageform entwickelt sich exorbitant und logarithmisch. Die ersten Jahre wirst Du noch nicht viel davon merken. Aber irgendwann ist der Break Even erreicht und dann entwickelt sich das Ganze wie von selbst und bringt Dir mehr Rendite, als Du Bedarf hast. DANN hast Du es geschafft. Dann beginnt die FREIHEIT.

Noch mal Berechnung Deines Bedarfs

Was Du tun musst, ist Deinen ermittelten Bedarf auf benötigtes Kapital hochrechnen, damit Du NIE WIEDER ARBEITEN MUSST. Wenn Du 2000 Euro monatlich brauchst, dann sieht die Rechnung folgendermaßen aus: 2000 Euro * 12 = 24000 Euro * 1,25 (25% Quellensteuer) = 30.000 Euro. Bei 3% Dividende brauchst Du 1 Mio. Kapital. Bei 12% Rendite brauchst Du eine Sparrate von 350 Euro im Monat = 1.027.029 Euro nach 30 Jahren. Wenn Du mehr investieren kannst, oder höhere Renditen schaffst, erreichst Du es früher. Manche haben es auch nach 10 Jahren geschafft.

Strategie

Was Du noch brauchst ist eine Strategie. Ein Plan im Plan, damit Du Dich orientieren kannst und diesen solltest Du versuchen diszipliniert einzuhalten. Es gibt eine Strategie im Spielcasino die lautet: Setze immer auf rot und wenn Du verlierst, dann setze das Doppelte. Das kann eine Zeit gut gehen. Aber irgendwann ist das System gegen Dich und die NULL macht JEDES System unbrauchbar. Ich habe das einmal erweitert und auf die Zahlenreihen ausgedehnt und wirklich selbst ausprobiert. Also auf eine Reihe setzen, wenn der Chip weg ist noch mal und wenn der auch weg ist, setze ich 2. Wenn ich 2 verliere und mit dem dritten 2 Gewinne, bin ich wieder auf null. Ich bleibe länger im Spiel, aber gewinnen tut man trotzdem in den seltensten Fällen. Ich habe einen Abend live mitgezählt, wie oft die gleiche Farbe hintereinander kam. Einmal waren es 14 Mal rot. Wenn Du auf schwarz angefangen hast und nur 1 Euro legst und jedes Spiel verdoppelst, dann brauchst Du nach 14 Runden 8192 Euro + noch alle anderen Runden die Du verloren hast = 16.383 Euro. DAS ist KEINE gute IDEE!

Eine Strategie die Dich bremst, statt übermütig zu werden könnte so aussehen: Wenn Du Dich entschieden hast eine Aktie zu kaufen – z.B. Danone, dann kauf sie mit 5000 Euro. Wenn sie steigt = gut. Wenn Sie um 10% oder mehr fällt (das musst Du für Dich definieren), mit der Hälfte noch mal kaufen = 2500 Euro. Wenn sie von da aus noch mal 10% oder mehr fällt, noch mal mit der Hälfte der zweiten Pos. Kaufen = 1250 Euro. Wenn sie weiter fällt, nichts mehr tun - abwarten. Wenn Du wieder neues Geld gespart hast, das investiert werden kann, dann schau alle Charts durch und such Dir einen Wert, der nicht gerade an der Spitze ist. Mit Glück ist gerade einer an einem unteren Kanal oder wenigstens im Mittel. Das kann dann auch mal die gleiche wie gerade eben sein, wenn es Deine Depotstruktur zuläßt. Du solltest auch gleichmäßig streuen. Nicht 9 Aktien á 1000 Euro und 1x mit 6000 Euro. Wenn eine nach oben abhaut, kannst Du in der Spitze auch mal etwas kappen und Gewinn mitnehmen und in andere Werte umverteilen. Raketen bleiben fast NIE oben und kommen wieder auf den Boden der Tatsachen zurück. Aber da sind jetzt schon Feinheiten, die Du mit der Zeit lernen wirst. Es muss auch nicht diese Strategie sein. Du kannst auch her gehen und nur nachkaufen, was sich positiv entwickelt hat und Negativkandidaten nicht mehr. Wichtig ist, daß Du Dich daran hältst. Die meisten Strategien scheitern nicht, weil die Strategie falsch ist, sondern weil Du als Mensch versagst und Dich nicht daran hältst. Um das Thema zu vertiefen, kann ich ein tolles Buch empfehlen: „Die besten Börsenstrategien: Welche Wege tatsächlich zum Erfolg führen" von Tobias Aigner & Markus Bilger.

Welche ist die beste, erfolgreichste und vielversprechendste Strategie? Nach Auswertung dutzdender Expertenmeinungen dazu gibt es nur EINE wirklich erfolgreiche Strategie. Buy and Hold. Tut mir leid. So langweilig das auch ist. Kaufen, liegen lassen und Abwarten ist erfolgreicher als alle anderen Strategien wo man ständig kauft und wieder verkauft. „Viel Hin- und Her macht Dir die Taschen leer". Warum? Weil es bisher noch niemand geschafft hat, unten zu kaufen und oben zu verkaufen. Sonst wären alle sogenannten Börsenprofis alle schon längst Millionäre.

Steuern und Aufwand

Wenn Du arbeiten gehst, wird Dein Einkommen bis zum Spitzensteuersatz 42% versteuert. 42 Euro von 100 Euro bekommt also der Staat. 58 Euro darfst Du behalten. Dafür musst Du bei Wind und Wetter aus dem Haus und Dich 5 Tage die Woche, 8 Stunden am Tag abstrampeln. Als selbständiger kannst Du noch einiges absetzen, aber es macht keinen Sinn, sich gewaltsam Dinge zu kaufen, nur weil man sie absetzen kann. Du wirst nie alles zurück bekommen und zahlst immer selbst drauf. Es sei denn, Du hast etwas, das Du eh dringend brauchst, das macht dann eher Sinn.

Bei Immobilien gibt es Möglichkeiten Anschaffungskosten steuerlich geltend zu machen. Der Mieter bezahlt die Immobilie ab. Die Mieteinnahmen musst Du mit Deinem persönlichen Steuersatz versteuern. Der Wertzuwachs der Immobilie ist nach 10 Jahren steuerfrei! Wenn man 100.000 Euro zum Kauf über eine Bank finanziert hat und nach 10 Jahren damit 100.000 Euro (100%) Gewinn machen kann, ist das sicher auch eine sehr lohnende Investition. ABER – eine Immobilie musst Du verwalten, pflegen, renovieren, steuerlich bearbeiten. Wenn Du einen Mieter hast, der morgen nicht mehr bezahlt, hast Du auch noch Klage und Mietausfall um die Du Dich kümmern musst. Kapitaleinkünfte werden mit 25% + Soli besteuert. Egal wie viel Du bekommst. Das wird auch gleich als Quellensteuer von der Bank einbehalten. Auch wenn Du eine Aktie mit Gewinn verkaufst. Verluste sofern sie realisiert wurden, kannst Du in der Steuererklärung angeben. Steuerlich musst Du Dich hier also um nicht viel kümmern. Beides hat seine Vor- und Nachteile.

The Trend is your Friend

Es gibt sicher Situationen wo es besser ist gegen den Strom zu schwimmen. Ich habe die Erfahrung gemacht, daß es oft sinnvoller ist MIT dem Strom zu schwimmen. Meine bedeutendste Erfahrung dazu war folgende: In den 80ern gab es die ersten Heimcomputer, der bekannteste und erfolgreichste war der C-64 von Commodore. Irgendwie war ich damals auf dem „Ich will aber etwas besonderes" Trip. Meine Eltern dachten es wäre eine gute Idee dem Buben einen Computer zu kaufen, das soll ja die Zukunft sein. Also ging mein Dad mit mir in einen Laden. C-64 bäh – den haben ja alle. Nein – ICH wollte etwas besonderes, etwas besseres. Ich entschied mich für einen Computer der einen kleinen Farbplotter integriert hatte. Das hatte der C-64 nicht. Etwas teurer war er auch – also muss der ja auch besser sein. Ich hatte viel Spaß damit, lernte Programmieren und machte spannende Sachen. Nur... - es gab kaum Software oder Beispiele auf dem Markt. Alle Zeitschriften druckten nur Softwarecode vom C-64 ab. Für meinen gab es so gut wie nichts. Und mein Computer konnte auch keine tollen Linien auf dem Monitor machen wie der C-64. Was habe ich gelernt? Wenn man mit einem Exoten nicht Baden gehen will, dann kauf Dir das was die Masse kauft. In diesem Fall die richtige Entscheidung. Dann hast Du Software, Support etc. Heute genauso wie früher. Nimm Apple und nicht XIAOMI und Microsoft und nicht Linux. Es sei denn, Du bist ein Freak. Aber sonst wirst Du nur Kompatibilitätsprobleme damit haben. Und das kommt wieder auf das Unternehmen zurück. Wer es geschafft hat, als erster die breite Masse zu bedienen, hat den Fuß in der Türe und wird die Türe mit der Zeit immer weiter öffnen. Das ist dann der Marktführer, der bestimmt wo es lang geht und die anderen müssen sich dem anpassen.

Eigenverantwortung

Wenn Du diesen Weg gehen willst, dann brauchst Du Eigenverantwortung. Was heißt das? Die meisten Menschen schieben anderen Menschen oder den Umständen ihr Lebensschicksal zu. „Weil die blöde Kuh nicht schneller gefahren ist, muss ich jetzt an der Ampel stehen und komme deshalb zu spät zur Arbeit". FALSCH – weil Du zu knapp aufgestanden bist UND noch die blöde Kuh dazu gekommen ist, ist diese Situation entstanden. Wärst Du 5 Minuten früher aufgestanden, wäre es nicht passiert. Wir finden immer einen Schuldigen, nur um vor uns selbst und anderen gut da zustehen. Und wenn Dein Investment nicht funktioniert, dann werden auch andere Schuld daran haben. Die blöden Banken. Die reichen, die alles steuern. Die Nachbarin, die bestimmt eine Hexe ist, Dich nicht mag und Dir etwas Böses angehext hat. Übernimm Verantwortung, bedeutet: „Ich weiß, daß ich scheitern kann und werde dieses Schicksal dann so akzeptieren. Ich gebe niemand anderem die Schuld, außer mir selbst."

Das ist, als würdest Du ins Spielcasino gehen und Deine rechte Hand auf rot legen. Und wenn rot kommt, dann bekommst Du 1 Milliarde. Wenn aber schwarz kommt, verlierst Du Deine Hand. DU entscheidest, ob Du es tust oder läßt. Wenn Du NIE WIEDER ARBEITEN MÜSSEN erreichen möchtest, musst Du Dich entscheiden ob es Dir das Risiko wert ist. Oder ob Du es lieber läßt. Es gibt extrem Bergsteiger, mit denen möchte ich nicht tauschen. Die klettern 500 Meter hohe, glatte Wände hoch, daß Dir schwindlig wird. Es gibt Slackline Akrobaten, die das in 1000 Meter Höhe machen (mir würde schlecht werden vor Angst). Diese Menschen sagen sie machen es WEIL sie das Leben lieben. Ein Wiederspruch? Sich in Todesgefahr bringen um das Leben zu spüren? Nein – es gibt Menschen, die gehen lieber Risiken ein und scheitern, als 80 Jahre lang ein langweiliges Leben gehabt zu haben und dann abzudanken. Wir leben alle in dem Bewustsein, daß wir irgendwann gehen müssen. Aber vorher lassen wir die Sau raus! Und jeder entscheidet für sich selbst wie er es gestalten möchte. Entweder jeden Monat ein wenig Spaß und alles verprassen. Oder JETZT etwas weniger Spaß und später ganz VIEL Spaß...

Motivation

Wenn man vor einem Berg steht, kann man schwer glauben, daß man es schafft ihn zu besteigen. Aber man fängt einfach mit dem ersten Schritt an. Und noch einer, und noch einer und noch einer und zwischendurch wird man stolpern, hinfallen oder einfach am Ende sein und keine Lust mehr haben. Aber Du willst auf DIESEN Berg. Wenn Du umkehrst, aufgibst oder das Interesse verlierst, wirst Du den Gipfel nie erreichen. Es ist nicht irgendein Gipfel. Es ist DEIN Gipfel und Du hast nur EIN Leben, um auf ihn raufzuklettern. Du wirst Zeit brauchen, wie jemand der abnehmen möchte. Das geht auch nicht von heute auf Morgen und selbst wer es geschafft hat, muss weiter dran bleiben und darf sich nicht wieder gehen lassen. Sonst ist alles vorbei und wieder beim alten. Oder Du willst einen durchtrainierten Körper? Denkst Du das geht mit 2x ins Fitnesstudio gehen? Du musst dran bleiben und Jahre lang Dein Ding durchziehen. DANN wirst Du auch Erfolg damit haben. Erfolg = es erfolgt etwas nachdem ich etwas getan habe. Sei überzeugt, daß Dein Zug ins Ziel fährt.

Aktienkultur in Deutschland

Seit das mit der Telekom Aktie 1996-1999 gründlich in die Hose gegangen ist, wollen deutsche nichts mehr von Aktien wissen. Dumm war, daß das genau in die Internetblase des neuen Marktes hineingelaufen ist. Sonst wäre das sicherlich nicht so dramatisch verlaufen. 2013 haben laut Zahlen des Deutschen Aktieninstituts 600.000 Bundesbürger weniger in Aktien investiert als noch im Vorjahr. Die Zahl der Anleger, die in Aktien investierten, blieb zwar stabil, liegt aber weiterhin auf niedrigem Niveau. Lediglich 7,1 Prozent der Deutschen haben einen Teil ihres Vermögens in Aktien investiert. Insgesamt besaßen 2013 8,9 Millionen Deutsche Aktien oder Aktienfonds. Das sind gerade einmal 13,8 Prozent der über 14-Jährigen. Zum Vergleich: Zuletzt besaßen die Bundesbürger zusammen über 93 Millionen Lebensversicherungen. Im Schnitt besitzt damit jeder Deutsche über 14 Jahren rund 1,4 Lebensversicherungen. In der aktuellen Niedrigzinsphase ist dieser Widerspruch besonders groß.

Vor kurzem war eine Schulklasse im Deutschen Aktieninstitut. Zunächst interessierten sich die Schüler vor allem dafür, ob die Mitarbeiter denn auch selber an der Börse handeln würden. Aber gleich darauf fragten die Schüler: „Haben Sie auch schon viel Geld mit Aktien verloren?". „In den USA, einem Land mit einer sehr ausgeprägten Aktienkultur, wäre die Frage gewesen ‚Did you make a lot of money' – haben Sie viel Geld verdient?". Im Gegensatz zu den Deutschen Bundesbürgern besitzt mehr als jeder zweite Amerikaner Anteilsscheine eines Unternehmens.

Warum gibt es in den USA so viele erfolgreiche Weltfirmen und bei uns nicht? Ich glaube das hat viel mit der Denkkultur über Geld und Erfolg zu tun. Wenn bei uns ein Besitzer einer Pommesbude mit einem Ferrari zur Arbeit fährt, dann heißt es: „Mit welchen unlauteren Tricks und Machenschaften der wohl sein Geld verdient? Der bescheißt doch sicher irgendwie. Wahrscheinlich streckt der seine Pommes mit irgendwas oder betreibt nebenbei noch ein Bordell oder handelt mit Drogen. Anders kann man sich das ja nicht erklären." Und der Ami? Der sagt: „Also wenn der sich mit seinen Pommes so ein Auto leisten kann, dann MÜSSEN die ja besonderes gut sein. Komm, laß uns auch welche holen".

Was wenn das nicht so weiter geht?

Dann ist eh alles vorbei. Also wenn wir darauf spekulieren, daß morgen die Welt aufhören wird zu existieren, dann macht es auch keinen Sinn, morgens aufzustehen und in die Arbeit zu gehen oder Geld in seinen Rentenplan zu stecken. Alleine das Wachsen der Weltbevölkerung (und das ist unumstritten) sorgt für weltweites Wachstum. Verbrauchslieferanten wie Coca Cola sind so groß, daß sie einfach über die Weltbevölkerung mitwachsen. Das einzige das hier bremsen könnte, wäre ein Stoppen oder reduzieren der Weltbevölkerung. Von selbst wird das aber nicht passieren. Entweder es schlägt ein Meteorit ein, oder ein Virus rafft einen Großteil dahin oder ein globaler Krieg oder wir schaffen es nicht mehr, alle mit Essen zu versorgen.

Alle Szenarien hofft niemand, das erleben zu müssen. Also müssen wir davon ausgehen, daß es doch so weiter gehen wird? Aber wenn diese Szenarien nicht eintreten und Du etwas tust, hast Du wenigstens eine Chance auf den Jackpot gehabt. Ja es stimmt, Geld macht nicht glücklich. Aber macht es glücklicher kein Geld zu haben? Auch diese Aussagen sind in meinen Augen absoluter Unsinn. Ob ich glücklich bin oder nicht, hat nichts mit Geld zu tun. Also ist es selbstverständlich besser glücklich zu sein UND Geld zu haben. Und selbst wenn ich nicht glücklich sein sollte ist es immer noch besser Geld zu haben, als in meinem Unglück auch noch Schulden dazu.

Die Frage war ob es so weiter gehen kann. Diese Frage kann NIEMAND beantworten. Als ich in der Lehre war, hatte ich noch die Ausläufer der Ölkrise im Nacken. Führerschein machen? Was für ein Unsinn, wenn es bald kein Öl mehr geben wird? Meine Bedenken haben sich dann in Luft aufgelöst und heute – 40 Jahre später gibt es immer noch Öl und wir fahren immer noch Autos und teilweise unsinnige Spritfresser wie SUWs daß man glauben mag Öl wäre für immer kein Problem. Ob der Vergleich hinkt wird die Zukunft zeigen.

Aber heute haben alle Angst, daß das mit dem Geld, der Konjunktur oder dem Wachstum nicht so weiter gehen kann. Da wird von Währungsreform, Ende des Wirtschaftssystems und „es kann nicht ewig so weiter gehen" philosophiert. Genauso wie es in den 80ern des 19. Jahrhunderts hieß, das Öl geht zur Neige und in 30 Jahren gibt es keines mehr. Und dann muß man feststellen – och – das hat ja gar nicht gestimmt, was uns da erzählt wurde. Ja so was blödes aber auch...

Hier noch ein überzeugendes und hervorragendes Beispiel: Harley Davidson.

In dieser Ansicht nichts Besonderes. Eher eine Aktie um die man besser einen Bogen macht. Aber jetzt kommt es:

Seit 1987 auf Wachstumskurs. Von 1995 – 2016 die allgemeine DOTcom Blasenüberhitzung, den Bankenkrisencrach und die anschließende Erholung mitgemacht. Und jetzt? JETZT genau da wo sie hingehört. Keine Übertreibung, keine Untertreibung. Gefahrlos deshalb nicht, aber historisch gesehen kann nicht mehr viel passieren. Das wird nun weiter an der Linie nach oben gehen. Mit etwas Zick-Zack wie immer. Aber berechenbar und vorhersehbar.

Angst, Gier, Neid, Schmerz

Das ist so alt wie die Menschheit selbst. Die alten Goldgräbergeschichten erzählen hunderte Geschichten davon. Von Neid, Mord und Totschlag usw. Und das alles „nur" wegen Geld? Ich habe mich als Jugendlicher schon immer gefragt, warum das so ist. Warum gönnen wir anderen keinen Erfolg, mehr Geld, mehr Reichtum zu haben? Warum nehmen wir uns das nicht einfach als Vorbild und entwickeln den Ehrgeiz, es selbst zu schaffen, anstatt es schlecht und nieder zu machen? Oder wir versuchen es denjenigen wegzunehmen, die es geschafft haben? Die „bösen reichen". Die können doch mehr Steuern bezahlen, wenn sie so viel haben.

Weil es ein uralter Instinkt ist. Wir Menschen funktionieren nach genau 2 Prinzipien. Schmerz vermeiden und Freude erlangen. Welches denkst Du ist stärker? Genau – Schmerz vermeiden. Wenn ein anderer besser, erfolgreicher, reicher ist, mehr verdient als Du, dann bedeutet das im Umkehrschluss

Erfolglosigkeit bei Dir und bei den meisten kratzt das gewaltig am Ego und Du versuchst dem gegenzusteuern. Und wenn es mit „den anderen schlecht machen" ist.

Du willst den Schmerz vermeiden der schlechtere zu sein. Bei Männern sieht man das mit Geld und Statussymbolen und bei Frauen im Konkurrenzverhalten zum gleichen Geschlecht. Da wird dann rumgezickt und die Konkurrenz schlecht gemacht, wo es nur geht um den eigenen Schmerz zu vermeiden. Es wäre unmöglich, sich selbst einzugestehen, der oder die schlechtere zu sein.

Die Börse funktioniert mehr dach diesem Prinzip, als nach Logik. Du wirst es selbst erleben, wenn Du einmal Geld dort hast. Bei 1000 Euro ist das noch moderat bei einer Korrektur 50% zu verlieren. Obwohl das auch weh tun wird. Aber da kannst Du Dich dann schon einmal üben. Du wirst es brauchen! Warum? Wenn Du in 10 Jahren 100.000 Euro oder mehr an der Börse hast und bei einem Crach oder einer Korrektur 50% verlierst, wirst Du Panik bekommen und verkaufen (statt genau DANN weiter zu kaufen). Und Du wirst zu spät wieder einsteigen, wenn es nach oben geht. Dieses System wird nicht funktionieren. Genau DESHALB brauchst Du eine Strategie an die Du Dich halten musst. Eine Strategie schaltet Emotionen weitgehend aus. Kostolany sagte: "Erst kommt der Schmerz, dann kommt das Geld". Diesen Satz hänge ich mir dick und fett über meinen Computer, wenn es wieder einmal abwärts geht. Und das passiert immer wieder.

Fügt der Markt dem Anleger Schmerzen zu, ist der Wunsch groß, diesen zu vermeiden und alles zu verkaufen. Genau das wissen die Profis. Teilweise werden die Medien dann noch einmal mit negativen Nachrichten gefüttert. Beim nächsten Kursrutsch steigen die Profis dann wieder ein. JETZT wird Geld gemacht! Nachrichten 2. Februarwoche 2016 -> JP Morgan: „Momentan sollte man keine Aktien haben. Wir empfehlen allen Anlegern alle Aktien zu verkaufen". 3. Februarwoche 2016 „Der stärkste Kursanstieg in 4 Tagen seit 2014". Ach... Ja so ein Zufall aber auch...

Ich habe mich über viele Jahre konditioniert und geübt die Angst vor Verlusten zu besiegen. Ich habe BP gekauft, als die Ölkrise im Golf von Mexiko war und ich habe Bilfinger & Berger gekauft, als sie 30% abgestürzt sind. Ich habe mit Beiden keinen Gewinn gemacht. Bei Bilfinger & Berger bin ich mir sicher, daß es nur eine Frage der Zeit ist. Bei BP kann man das nicht behaupten. ABER man lernt seine Angst zu überwinden für die Zeit des nächsten Einbruchs und ich reagiere darauf und kaufe dann Aktien, wenn alles runter geht nach.

Ohne eigenes Geld kann man das nicht üben. Wenn Du das in einem Musterdepot versuchen möchtest, ist das nur ein emotionsloses Videospiel. Momentan haben wieder alle Angst und Panik. Same procedure as last year Mrs Sophie? Yes, the same procedure as every year James! Wenn man sich den Chart z.B. vom DAX ansieht und versucht die Wachstumslinie einzuzeichnen und wenn man sich dann auch noch die KGV's ansieht, die alle vollkommen normal aussehen und wenn man weiß, daß Crachs immer vorher eine Übertreibung vorangegangen ist. Was sehen wir dann? Genau – wir sehen nichts! Alles „normal" alles im grünen Bereich. Eine „ganz normale" kleine Korrektur was gerade passiert (Jan/Feb 2016):

Wo genau die Linie einzuzeichnen ist, ist eine Wissenschaft für sich. Ich erhebe keinen Anspruch auf Korrektheit. Aber man sieht ungefähr was Sache ist und genau DAS ist das entscheidende. Ich erhebe auch keinen Anspruch dass DIESE

Vermutung korrekt ist. Vielleicht rauscht der DAX bis auf 2000 runter und wir erleben eine neue Weltwirtschaftskrise. DAS wirst Du nur in der Zukunft überprüfen können. Also Monate und Jahre, nachdem ich dieses Buch veröffentlicht habe.

Was es uns aber zeigt, ist die Tatsache, dass wir uns von Emotionen leiten lassen. Die China Krise, die Weltwirtschaft kühlt ab, es gibt bald kein Öl mehr, ein Krieg steht bevor – was auch immer. Wir sind dazu konditioniert negative Nachrichten auszuwerten. Vor den guten müssen wir uns ja nicht fürchten. Das hat steinzeitliche Hintergründe. Wer in der Steinzeit Angst vor dem Säbelzahntiger hatte, hat überlebt. Wer keine Angst hatte – wurde gefressen. Zeitungen, Fernsehnachrichten, Internet – alle berichten nur über negatives was in der Welt passiert.

Es gibt keine Zeitung wo steht: „Heute ist in China die Sonne aufgegangen. Es wird ein herrlicher warmer Tag und es sind keine Probleme zu erwarten". Warum? Weil es niemanden interessiert. Weil DAS der NORMALZUSTAND ist, wie er sein sollte. Nur wenn es um Geldanlage geht, ist Angst ein sehr schlechter Ratgeber. Euphorie aber ebenso. Und genau zwischen diesen Beiden Extremen pendeln wir hin- und her. Immer und immer wieder. Weil sich die Emotionen der Menschen die daran beteiligt sind nie ändern werden. Wenn Du das weißt, kannst Du versuchen, dem gegenzusteuern. Ist ja ganz einfach könnte man nun vermuten. Was will jeder Mensch primär vermeiden? Genau – Schmerz. Und eine Aktie zu kaufen, die am nächsten Tag weniger Wert ist, IST Schmerz. Also wirst Du wie alle anderen versuchen diesen Schmerz zu vermeiden. Lerne damit umzugehen. Lerne über den Schmerz hinwegzusehen. Lerne die Freude danach zu sehen und sie wird kommen. Kostolany: „Börsengeld ist Schmerzensgeld. Erst kommt der Schmerz und dann kommt das Geld".

Rentenproblematik

Mal ehrlich – spätestens seit der Jahrtausendwende wissen alle, dass wir ein Rentenproblem bekommen werden und jeder für sich selbst vorsorgen muss, damit er im Alter nicht in die Altersarmut abrutscht. Norbert Blüm hat immer gesagt „Die Renten sind sicher". Ja – klar sind sie sicher. Er hat nicht einmal gelogen. Nur wie viel wir einmal bekommen, DAS hat er nie gesagt. Und wenn es noch 1 Euro ist, hat er sein Versprechen eingehalten. Für später vorsorgen wiederspricht dem „Ich lebe aber jetzt" Prinzip und doch ist es nicht vom Tisch zu wischen. Genauso wenig, wie man als heranwachsender weiß, wenn man keinen Bock auf Schule und Ausbildung hat, dann hat man auf dem Arbeitsmarkt eben nicht die größte Auswahl. Was wenn Du es nicht erlebst?

Diese Fragen höre ich immer wieder. Und wie unsinnig sind sie? Du bezahlst auch jeden Monat Deinen Rentenbeitrag und niemand frägt Dich ob Du das auch erlebst. Viele bezahlen monatlich ihr Haus ab und niemand frägt ob sie das erleben. Tatsache ist, daß Du mit Geldinstrumenten niemals dort hinkommen wirst, wo Du denkst, daß das dann schon reichen wird. Also hast Du gar keine andere Wahl, als Dich mit Aktien und Immobilien auseinander zu setzen. Und wenn man eh keine andere Wahl hat, dann kann man auch Gas geben und das Ziel NIE WIEDER ARBEITEN MÜSSEN auch schneller erreichen. Wie wäre es mit Rente mit 30? 40? oder 50? Dann hat man wenigstens noch etwas von seinem Leben. Das Leben selbst ist das wertvollste das Du hast und Du solltest selbst entscheiden können was Du damit machst und nicht 8 Stunden am Tag für andere die Drecksarbeit machen. Geld ist nur Mittel zum Zweck, diese Freiheit zu erreichen. Insofern hat Geld selbst keinen Wert, es sei denn Du gibst ihm diesen.

Zusammenfassung

Mit diesem Buch gebe ich Dir ein Werkzeug an die Hand. Das Werkzeug viel Vermögen aufzubauen und Dir daraus ein passives Einkommen zu erschaffen, das Dich dazu bringen wird NIE WIEDER ARBEITEN zu MÜSSEN. Wenn es Dir Freude macht, arbeite trotzdem. Irgendeine Beschäftigung braucht man ja auch. Aber lebe kein Leben in irgendeinem Bürokomplex, wo Du unzufrieden bist und jeden Tag Deine Lebenszeit dafür opferst, daß Dein Chef jeden Tag reicher wird und Du immer unzufriedener. Mache das was ich Dir in diesem Buch aufgezeigt habe und Du wirst es erfahren, wie es ist, finanziell unabhängig zu werden und wie angenehm das Leben damit wird.

1. Räume Deine Finanzen auf und verschaffe Dir einen Überblick
2. Sieh zu, daß Du Schulden los wirst – SO SCHNELL WIE MÖGLICH

3. Beginne zu sparen und lege jeden Monat eine feste Summe beiseite
4. Fang an Vermögen aufzubauen und investiere in Sachwerte
5. Erhöhe Dein Einkommen (und/oder reduziere Deine Ausgaben) Z.B. mit Strom sparen, Rauchen aufhören ;-)
6. Beschäftige Dich mit Aktien, Immobilien, Sachwerten
7. Kaufe nur Aktien, die über lange Zeit eine dauerhafte und gleichmäßige Entwicklung hinter sich haben.
8. Achte darauf, daß Du Aktien auswählst, die auch Dividende bezahlen
9. Achte bei Deiner Auswahl auf das KGV, das bei ca. 20 sein sollte
10. Achte darauf, daß die historische Entwicklung mindestens 100% in 10 Jahren war oder 7,5% Durchschnitt pro Jahr.
11. Wähle am besten Marktführer und teile das Risiko in mehrere Anlagen auf
12. Strukturiere Dein Depot, daß Du Maximum Profit bei geringstmöglichem Risiko bekommst
13. Sei demütig dem gegenüber, was Du erreichst und nicht hochnäsig denen gegenüber die ein normales Leben führen
14. Sei glücklich mit dem was Du erreichen kannst und werde nicht gierig oder Workaholic nur um noch mehr zu erreichen
15. Sei Dankbar

Schrittweise Anleitung

sparen – investieren – sparen – investieren – sparen – investieren

Eigentlich ganz einfach oder?

Lege was zur Seite. Entweder regelmäßig jeden Monat oder wenn Du Urlaubs- oder Weihnachtsgeld bekommst etwas mehr auf einmal. Richte Dir eine Liste Deiner persönlichen Favoriten her, die für Dich in Frage kommen. Wenn Du wieder Investitionsgeld zusammen hast, dann gehe die Liste durch und schaue welche Werte attraktiv stehen. Also am besten NICHT am höchsten Punkt aller Zeiten kaufen. Dann kaufe z.B. wenn Mc Donalds günstig steht. Dann spare wieder und wenn wieder Investitionsgeld zusammen ist, dann kaufst Du Coca Cola usw. usw. Wenn Du regelmäßig nur kleinere Summen investieren kannst, dann nimm den BCDI (findest Du schnell im Internet). Das sind die 10 besten und sichersten Aktien die man als solche bezeichnen kann. Oder Du suchst Dir einen Aktienclub. Große wie der Stuttgarter Aktienclub haben einen eigenen Fonds mit diesen Aktienwerten gegründet, in den man einzahlen kann. Das ist genauso sicher wie auf der Bank, weil das Geld nicht dem Aktienclub gehört. Also auch nicht veruntreut werden kann. Oder Du suchst im Internet nach Fonds, die lange Zeit gut gelaufen sind und wirst feststellen, daß auch hier viele der erwähnten Aktien beteiligt sind. Auch hier die gleichen Kriterien beachten. Seit langer Zeit von links unten nach rechts oben. Wachstumsrate beachten und Gleichmäßigkeit beachten. Dann kann nicht mehr viel schief gehen. Rest ist Dein persönliches Lebensrisiko ob Du das durchhältst bis Du das Ziel erreicht hast oder vorher ins Gras beißt. Deshalb auch gesund leben, Sport machen usw. Damit Du das Ergebnis auch genießen kannst.

Liste lohnenswerter Aktien

Um sich die besten der besten Aktien die diesen Kriterien entsprechen herauszufiltern, bedarf es nur einem kleinen Aufwand. Du kannst Dich bei Börsenclubs umsehen, die meistens diese Aktien als Liste führen. Oder Du bestellt bei www.boerse.de die Liste der Defensiv Champions. Oder Du machst Dich anderweitig auf die Suche. Wenn Du die Augen auf machst, wirst Du fündig werden. Ich stöbere gerne bei www.onvista.de Noch ein Tipp: Wenn Du einen Chart ansiehst, stell ihn immer auf die maximale Zeitspanne und Logarithmisch ein. Sonst verzerrt es Dir die Anzeige. Wer tiefer einsteigen möchte, dem empfehle ich die Software World Money. Hier gibt es tausende Aktien mit historisch langen Charts. Allerdings kostet die ein wenig. Ich habe damit schon einige Highflyer ausfindig gemacht. Die witzigste Aktie hieß MiniMed, das war um die Jahrtausendwende. Ein vielversprechender Pharmawert mit einer Steigerung von ca. 40% im Jahr. Leider wurden die dann von Medtronic geschluckt und weg waren sie aus meinem Depot. Bzw. ich bekam dafür Medtronic Aktien. Aber die wuchsen nicht mehr sooo schnell.

Hier eine kleine Auswahl von Aktien, die diesen Kriterien momentan entsprechen. ACHTUNG! das muss nicht so bleiben. Jede Kaufentscheidung muss neu Bewertet und analysiert werden:

Altria, Alexion, AMAZON, Aptar Group, Adidas, Aflac, Air Liquide, Amerisourcebergen, Apache, Apple, Automatic Data

Britisch America Tobacco, Balchem, Bank of Nova Skotia, Beckton Dickinson, Bechtle, Beiersdorf, BASF, Bayer

Coca Cola, Cerner, Colgate-Palmolive, Church & Dwight, Coloplast

Diageo, Disney, Danaher

Essilor, Express Scripts, Exxon, Eventim

Fielmann, Fuchs Petrolub

General Mills, General Electric, Alphabet (früher Google), Gerresheimer

Hennes & Mauritz, Henkel, Heineken, Harley Davidson

Illinois Toolworks, IBM

Johnson & Johnson, Jungheinrich

Krones, Kroger

L'Oreal, Lindt Sprüngli

Mc Donalds, Mc Kesson, Medtronic

Néstle, National Grid, Nextera Energy, Nike, Novartis, Novo Nordisk

Oracle

Procter & Gamble, Pepsi, Pfizer

Quiagen

Realty Income (monatliche Dividende, ACHTUNG KGV bei Buchveröffentlichung zu hoch bei 56!), Reckitt Benckiser, Ross Stores, Rational

Starbucks, Safran, Samsung, Sartorius, Schaltbau Holding, Schwedish Match, Sodexo, Stericycle, Stryker, Symrise

Tesoro, TJX

Unilever, United Internet

Viscofan, Vodafone, VW

Wirecard, Wallgreen, Wells Fargo, Woodside Petroleum

Xing

Yum Brands

Zalando

Erfolgstabelle

Was wäre wenn - es richtig viel Rendite geben würde? Aber wo? Bei der Bank derzeit 1%? Da schlafen Dir ja die Füße ein... Nein. Im Geldsystem gibt es das nicht mehr. Aber im Sachwertesystem gab es das schon immer und die Niedrigzinsphase tut dem keinen Abbruch. Sie unterstützt eher die Entwicklung auf der Sachwertseite. Folgende Tabelle bitte aufmerksam ansehen:

Anlagesumme/Jahr 1200

Prozent Jahre	2	4	6	8	10	12	15
1	1224	1248	1272	1296	1320	1344	1380
2	2448	2498	2548	2600	2652	2705	2787
3	3697	3798	3901	4008	4117	4230	4405
4	4971	5150	5335	5528	5729	5938	6266
5	6271	6556	6855	7171	7502	7850	8406
6	7596	8018	8467	8944	9452	9992	10867
7	8948	9539	10175	10860	11597	12391	13697
8	10327	11120	11985	12928	13957	15078	16951
9	11734	12765	13904	15163	16553	18087	20694
10	13168	14476	15939	17576	19408	21458	24998
11	14632	16255	18095	20182	22549	25233	29947
12	16124	18105	20381	22996	26004	29461	35639
13	17647	20029	22803	26036	29804	34196	42185
14	19200	22030	25372	29319	33984	39499	49713
15	20784	24111	28094	32865	38583	45439	58370
16	22399	26276	30980	36694	43641	52092	68326
17	24047	28527	34038	40829	49205	59543	79774
18	25728	30868	37281	45295	55326	67888	92941
19	27443	33303	40718	50119	62058	77235	108082
20	29192	35835	44361	55329	69464	87703	125494
21	30976	38468	48222	60955	77610	99428	145518
22	32795	41207	52316	67031	86571	112559	168546
23	34651	44055	56654	73594	96428	127266	195028
24	36544	47017	61254	80681	107271	143738	225482
25	38475	50098	66129	88336	119198	162186	260504
26	40444	53302	71297	96603	132318	182849	300780
27	42453	56634	76774	105531	146750	205991	347097
28	44502	60100	82581	115173	162625	231909	400361
29	46592	63703	88736	125587	180088	260939	461615
30	48724	67452	95260	136834	199296	293451	532058

Inflation ist noch gar nicht eingerechnet, aber was man sieht ist folgendes: Bei 2% hast Du nach 30 Jahren gerade mal 48.724 Euro zusammen bekommen. Das ist nett, aber damit kannst Du Dir dann gerade mal ein Auto kaufen. Bei 15% würde mehr als das 10-fache entstehen. Nur wo bekommt man das? Ist das nicht etwas unrealistisch? Nein – lies mal das hier:

Seit Juli 2014 können in sämtlichen Finanzportalen die Notierungen des „boerse.de-Champions-Defensiv-Index (BCDI)" abgerufen werden. Was ist daran besonders bemerkenswert? Die Berechnung eines neuen Aktienindex ist eine ziemlich selten vorkommende Ergänzung der bestehenden Liste von Dax & Co. Und dieser Aktienindex ist kein Produkt einer Börse, sondern er wird von einem Fachverlag ermittelt. Der BCDI spiegelt die Entwicklung von zehn besonders defensiven „Champions-Aktien" wider, die als solide Bausteine für jedes Depot angesehen werden.

Der im Rosenheimer TM Börsenverlag erscheinende „boerse.de-Aktienbrief" vergibt seit 2002 an die 100 nach den Kennzahlen der Performance-Analyse langfristig erfolgreichsten und sichersten Aktien der Welt den Status „Champion". Aus diesen 100 Champions wurden für den neuen Aktienindex besonders defensive Titel herausgefiltert, die sich durch einfache Geschäftsmodelle, starke Marken und damit dauerhafte Wettbewerbsvorteile auszeichnen.

Im Mittel beträgt die Verlust-Ratio der zehn BCDI-Mitglieder lediglich 1,26. Das ist rund ein Drittel weniger als der aktuelle Champions-Durchschnitt von 1,93. Gleichzeitig errechnen sich eine hohe Gewinn-Konstanz von 92%, durchschnittlich 12% Kursgewinn p.a. sowie 3,0% Dividendenrendite (=15%). Schreiben die Konstrukteure des Aktienindex: „Allein diese Durchschnittswerte lassen bereits eine vielversprechende Indexentwicklung erahnen. Und ein Blick auf die historischen Performance-Daten bestätigt diese Erwartungen vollauf."

Die offizielle Berechnung erfolgt durch den Indexanbieter Solactive AG, der sich unter anderem auch um den renommierten F.A.Z.-Index kümmert. Auf Grundlage der Startzusammensetzung haben die Frankfurter den boerse.de-Champions-Defensiv-Index für uns bis zum 31. Dezember 1999 zurückberechnet. Dabei wurde der BCDI Aktienindex als sogenannter

Performance-Index konzipiert, so dass die Kursentwicklung auch die überdurchschnittlichen Dividendenausschüttungen der zehn Top-Defensiv-Champions widerspiegelt. Ein weiterer Baustein ist die halbjährliche Readjustierung der Indexgewichte. Am letzten Handelstag im März und September wird der Anteil aller Werte wieder auf jeweils 10% festgezurrt.

Der BCDI konnte zwölf der vergangenen 14 Jahre mit Gewinn abschließen. Und das, obwohl in diesem Zeitraum eine Jahrhundert-Baisse sowie die Finanzkrise tobten. Bei Dax und Dow Jones sieht die Bilanz seit 1999 wegen dieser Turbulenzen mit jeweils nur neun positiven Jahresergebnissen schlechter aus. Dazu kommt: In den beiden Verlustjahren 2002 und 2008 fielen die Rücksetzer des neuen Aktienindex deutlich geringer aus als bei den großen Marktbarometern. Dementsprechend konnten diese Dellen im Kursverlauf danach auch viel schneller wieder ausgebügelt werden.

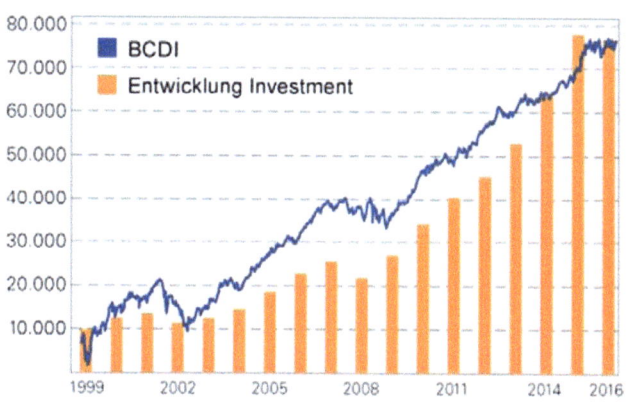

Ja – 15% sind nicht unmöglich.

Um monatlich 1600 Euro zu bekommen für Die DU NIE WIEDER ARBEITEN MUSST, benötigst Du 480.000 Euro Kapital. Diese bekommst Du, wenn Du 30 Jahre lang monatliche Summe X in Investment Y steckst:

Mc Donalds, 10 Jahresschnitt = +246,24%, Investmentsumme monatlich 33 Euro
Ross Stores, 10 Jahresschnitt = +716,82%, Investmentsumme monatlich 4 Euro
Wirecard, 10 Jahresschnitt = +4717,21%, Investmentsumme monatlich 0,60 Euro

Oder bereits nach 10 Jahren:

Mc Donalds, 10 Jahresschnitt = +246,24%, Investmentsumme monatlich 150 Euro
Ross Stores, 10 Jahresschnitt = +716,82%, Investmentsumme monatlich 87 Euro
Wirecard, 10 Jahresschnitt = +4717,21%, Investmentsumme monatlich 50 Euro

Als Motivationsgrund sollten diese Beispiele genügen. Weitere kannst Du Dir selbst berechnen (das macht auch Spaß)

Viel Beeindruckender ist was der Zinseszinseffekt in 30 Jahren aus monatlich 100 Euro macht:

Mc Donalds, 10 Jahresschnitt = +246,24%, Endsumme 1.465.733 Euro
Ross Stores, 10 Jahresschnitt = +716,82%, Endsumme 11.201.520 Euro
Wirecard, 10 Jahresschnitt = +4717,21%, Endsumme 80.898.931 Euro

Wenn Du Dein Investment in diese 3 Aktien aufteilen würdest und jeden Monat 100 Euro investierst (je 33,33 Euro)und selbst wenn das nur zur Hälfte so weiter gehen würde, dann würden daraus in 30 Jahren so viel entstehen: 1.299.400 Euro

Und jetzt stell Dir vor, Du würdest irgendwann 10, 20 oder 50 Aktien haben, die Dir alle eine Chance auf die Zukunft geben NIE WIEDER ARBEITEN ZU MÜSSEN. Da kann dann gerne auch mal eine oder zwei dabei sein, wo das nicht klappt. Lassen wir Mc Donalds und Coca Cola pleite gehen. Dann hast Du immer noch Procter & Gamble, Fielmann und Néstle, die Dir weiter Gewinne bringen.

Mit 100 Euro im Monat die Chance auf 1 Mio nach 30 Jahren? Ja – das ist machbar! Und DIESE Perspektive sollte den Goldgräberinstinkt in Dir wecken, das schaffen zu wollen und zu können. Was denkest Du könntest Du mit 200 Euro, 500 Euro, 1000 Euro Sparsumme erreichen? DAS ist der Treibstoff, der Menschen zu Unternehmern macht. Einfache Handwerker zu Affiliate Königen werden lässt und Fließbandarbeiter zu Internetvisionären. Manchen Menschen muß man einfach nur zeigen, was sie erreichen können und wie. Ich hoffe, daß Du diese Chance für Dein Leben erkennst, wie es tausende andere bereits erkannt haben. DANN kann Dich nichts mehr aufhalten.

3% Dividende aus 1 Mio. = 30.000 Euro, abzgl. 25% Quellensteuer + Soli sind ca. 22.200 Euro / 12 = 1850 Euro pro Monat, für Die Du nicht mehr arbeiten musst. PLUS noch Wertsteigerung Deiner Aktien. Wenn Du nur 10% Wertsteigerung machst (Steigerung in der Größenordnung der realen Inflation), Hast Du 100.000 Euro zusätzlich im Jahr. Wenn Du nur 20.000 Euro im Jahr heraus nimmst und den Rest weiter wachsen läßt, hast Du 1666 Euro zusätzlich pro Monat. Das sind dann 1850 + 1666 Euro = 3516 Euro pro Monat! Das 4,4 fache das Dir Riester oder Rührup bringen. Na? Überzeugt?

30 Jahre lang 100 Euro in Riester oder Rührup eingezahlt bringt Dir ca. 800 Euro Rente pro Monat und Du kannst nicht länger einzahlen als die Standardlaufzeit. Mehr als ursprünglich vereinbart kannst Du also auch nicht bekommen. Bei der Investmentanlage bist Du nach oben hin offen.

Das alles ist einfachste Mathematik und kein Hexenwerk.

Bei 2% Rendite lohnt es sich nicht zu sparen. Du sparst Dich im wahrsten Sinne des Wortes arm. Bei 10-12% Rendite (oder mehr) macht plötzlich alles Sinn. Du kannst planen. Du kannst vorausberechnen. Du hast eine Chance etwas aus dem Ersparten zu machen und nicht nur ein paar Euros zur Seite zu legen, von denen Du Dir einmal etwas kaufen kannst. Nein – Du kannst planen Deine Existenz damit aufzubauen. Sollte sich der BCDI mit 15% weiter entwickeln, kannst Du rechnen: 100 Euro pro Monat investiert = 532.058 Euro. 400 Euro im Monat investiert = 2.128.232 Euro. Oder Wie viel muß ich monatlich investieren um nach 10 Jahren 1 Mio. zu haben? Es wären genau 4000 Euro. Hier siehst Du wieder 10 Jahre Zinseszins oder 30 Jahre Zinseszins machen sich gewaltig bemerkbar. Deshalb noch mal: Je früher Du anfängst umso mehr kannst Du in Deinem Leben erreichen.

Und selbst wenn es keine 15% sind, sondern nur 10% und Du 40 Jahre lang 200 Euro im Monat investierst, hast Du wenn Du heute 20 bist, mit 60 Jahren 1 Mio. zusammen. Und 60 ist heute kein Alter mehr, wo man zum alten Eisen gehört. Und jetzt denke mal wenn Du noch dazuverdienst und vielleicht noch ein paar stärker wachsende Aktien wie AMAZON oder Wirecard zusätzlich im Depot hast, ob Du vielleicht +18% hin bekommst? Dann würden aus 100 Euro monatlich nach 40 Jahren 5 Mio. werden. Na? Ist DAS Ansporn genug, sich den Arsch aufzureißen und im Leben etwas auf die Beine zu stellen um das Geld zum Investieren zur Verfügung zu haben? Tust Du nichts – keine 5 Mio. auch keine 4,3,2,1,0.5 – 50.000 Euro wenn Du Glück hast. Aber das wie gesagt lohnt sich eigentlich gar nicht etwas wegzulegen.

Wenn ein Schreiner einen Baum sieht, hat er schon genau einen Plan im Kopf, wie er daraus einen Stuhl, einen Tisch oder eine Bank machen kann. Weil er WEISS wie es funktioniert. Jedes Ergebnis wird anders ausfallen, weil jeder Baum anders gewachsen ist. Aber Das Ergebnis wird sein, daß ein Möbelstück im Raum steht. Warum können wir das beim Vermögensaufbau nicht genauso machen? Weil uns niemand den Bauplan gezeigt hat, wie es funktioniert. Auch hier wird jedes Ergebnis anders ausfallen. Aber analog zum Schreiner wird kein Tisch, kein Stuhl und keine Bank entstehen, wenn Du erst gar nichts anfängst. Wenn Du sagst „Das kann ich aber nicht". Und es wird auch kein Vermögen und keine finanzielle Unabhängigkeit entstehen, wenn Du das nicht einfach irgendwie anfängst. Und es IST einfach. Kannst Du Geld auf Dein Sparbuch einbezahlen? Dann kannst Du auch McDonald's, Filemann oder Nestlé Aktien oder BCDI Anteile kaufen. So banal und einfach ist das.

VWL + Betriebsrente

Noch etwas zu diesem Thema. Bei VWL oder Betriebsrente bekommt man ja etwas vom Arbeitgeber oder Staat dazu. Oft auch Steuerersparnis. Das muß doch lukrativ sein, wenn man 50% dazu bekommt? Besser als nichts tun ist es auf jeden Fall. Aber was fehlt ist der Zinseszins. Meine Lebensgefährtin hat mich auf dieses Thema gebracht. Betriebsrente 100 Euro im Monat + 13 Euro vom Arbeitgeber dazu + Steuerersparnis. Mit 2% verzinst und 50% werden in einen Aktienfonds angelegt.

Das klingt doch super? 13 Euro auf 100 Euro geschenkt. Das sind doch 13% oder? Ich muß Dich enttäuschen. Leider nein. Du bekommst zwar 13% Geld dazu. Aber Du bekommst keine 13% Rendite. Rendite bekommst Du 2%. Ich glaube das muß jetzt erst einmal sickern... Das was wichtig ist, ist der Zinseszins. Und nicht die 13 Euro die sie dazu bekommt. Sie hätte also 113 Euro pro Monat, die sich mit 2% verzinsen. Plus noch 50% die in einen unbekannten Aktienfonds angelegt werden, der vermutlich ein breitgestreuter Mischfonds ist, der nur 4-5% im Jahr schafft. Gesamtrendite vermutlich 3-4%

Nach 30 Jahren ca. 67.000 Euro, abzgl. Inflation Rest-Kaufkraft von ca. 40.000 Euro. Irgendwie witzlos. Sinnvoll in gute Aktien investiert (z.B. in den BCDI mit 12-15%) hätte sie die Chance auf 532.000 Euro. Wer verschenkt schon gerne 465.000 Euro? Selbst bei Verzicht auf die 13 Euro, Staatliche Bezuschussung und Steuerersparnis bringt eine vernünftige Anlage langfristig mehr, als diese vermeintlich sichere Anlageform. Und was bedeutet hier eigentlich Sicherheit? Es wird ja auch 50% in einen Aktienfonds angelegt. Nur weiß niemand in welchen, welche Aktien enthalten sind, welche Performance dieser eigentlich macht. „Das wird schon irgendwie klappen. Aktien sind ja immer gut hört man. Vor allem Langfristig". Aha – also DA kannst Du Vertrauen, daß das „irgendjemand" schon richtig für Dich macht? In 30 oder 40 Jahren wenn Du dann in Rente gehst und erkennst, daß es Müll war ist es zu spät. Nimm Dein Leben selbst in die Hand! JETZT – SOFORT ! Jeder Tag der verstreicht, nimmt Dir einen Tag Zinseszinseffekt von Deiner Lebenszeit weg. Nur wenn Du heute anfängst etwas zu verändern, kannst Du auch Deine Zukunft verändern.

Die Erfolgsformel

Zum Schluß noch meine Erfolgsformel: $s+i*t=v$

s = Sparen
i = Investieren
t = Zeit
v = Vermögen

Je mehr Du sparst und investierst und je länger Du das machst, umso mehr Vermögen wirst Du haben. Und je schneller Du mehr Geld investierst umso schneller wirst Du finanziell unabhängig sein.

Schlusswort

Alle hier gezeigten Investments, Methoden und Strategien sind KEINE Aufforderung, zum blinden Kaufen von Aktien und schnell reich werden. Ich distanziere mich bewust von einer „schnell reich werden" Strategie. Ich zeige auf, wie es in der Vergangenheit funktioniert hat. Ob das für die Zukunft auch funktioniert, muss jeder für sich selbst entscheiden, ausprobieren und erfahren. Ich erhebe auch nicht den Anspruch der Beste Aktienstratege oder Shopbetreiber aller Zeiten zu sein und herausragende Ergebnisse erbracht zu haben. Trotzdem – der Erfolg gibt mir recht. ICH sitze heute zu Hause und habe Home Office. Trotz vieler Fehlschläge, Verluste, Scheidung, Unterhalt usw. Ich bin nichts Besonderes. Du bist in vielen Dingen sogar besser wie ich. Aber weißt Du was mich von Dir unterscheidet? Ich habe einmal eine Entscheidung getroffen, mein Ziel verfolgt und ALLES dafür GETAN, was mir dazu eingefallen ist.

Die meisten Menschen scheitern am TUN. Sie lesen Bücher und nehmen sich vor es umzusetzen und dann passiert nichts. Sie vergessen es wieder oder denken das ist nichts für sie. Ich gebe Dir die BESTEN Praxistipps, die Du bekommen kannst. Du musst es nur noch TUN. Heute habe ich Zeit für meine

Kinder und Ich kann von überall auf der Welt arbeiten. Alles was ich brauche ist ein Computer und Internet. DAS ist die neue Freiheit, die uns dieses Medium gebracht hat.

JEDER hätte das auch tun können.

JEDER kann ein paar Euro in die Hand nehmen und Mc Donalds, Starbucks, Coca Cola, Walt Disney oder Fielmann Aktien kaufen. JEDER könnte auch Hersteller oder Importeure ausfindig machen und sich Ware zulegen und bei AMAZON & Ebay anbieten. Du musst nicht einmal selbst Ware haben. Google mal nach „Dropshipping". Du verkaufst und der Partner verschickt dann die Ware an den Kunden. Jeder kann eine Kamera nehmen und Fotos machen und bei Fotolia anbieten. Jeder kann ein eBook schreiben und es ins Netz stellen. Es gibt heute so viele Möglichkeiten. Nur Du hast es eben nicht getan. Fang morgen damit an, DEIN Leben positiv zu verändern und in diese positive Richtung zu lenken. Du musst kein Millionär werden um finanziell unabhängig zu werden. Wenn Du nicht anfängst zu den Sternen zu greifen, wirst Du es nicht einmal schaffen an den Wolken zu kratzen. DU bist der Kapitän Deines Lebens und Deiner Finanzen. Du kannst Dir Berater holen und Dich informieren. Aber NIEMAND wird Dir die Entscheidung abnehmen, ob Du lieber 30 Jahre in eine „sichere" Riester oder Rührup Rente einbezahlst. Oder ob Du es mit Aktien oder Immobilien versuchst. Egal wie Du Dich entscheidest. Wenn Du 80 bist und es die falsche Entscheidung war, kannst Du es nicht noch einmal versuchen.

Kennst Du die Geschichte vom Ei des Kolumbus? Christoph Kolumbus wird nach seiner Rückkehr aus Amerika während eines Essens bei Kardinal Mendoza im Jahr 1493 vorgehalten, es sei ein leichtes gewesen, die „Neue Welt" zu entdecken, es hätte dies schließlich auch jeder andere vollführen können. Daraufhin verlangt Kolumbus von den anwesenden Personen, ein gekochtes Ei auf der Spitze aufzustellen. Es werden viele Versuche unternommen, aber niemand schafft es, diese Aufgabe zu erfüllen. Man ist schließlich davon überzeugt, dass es sich hierbei um eine unlösbare Aufgabe handelt, und Kolumbus wird darum gebeten, es selbst zu versuchen. Dieser schlägt sein Ei mit der Spitze auf den Tisch, so dass diese leicht eingedrückt wird und das Ei stehen bleibt. Als die Anwesenden protestieren, dass sie das auch gekonnt hätten, antwortete Kolumbus: „Der Unterschied ist, meine Herren, dass Sie es hätten tun können, ich hingegen habe es getan!"

Ich könnte noch viele weitere Beispiele anführen, die das Prinzip veranschaulichen. Es ändert nichts an der Tatsache, dass wir heute und hier auf diesem Planeten sind, eine begrenzte Lebenszeit haben und diese optimal für uns nutzen möchten. Ein Beispiel noch – weil es mir so gut gefällt:

Du lebst in einem Dorf in dem es kein Wasser gibt und Du musst jeden Tag 1 Stunde zum See gehen um Wasser zu holen. Du könntest eine Wasserrinne bis zum Dorf bauen. Aber das dauert 15 Jahre. Aber dann würde das Wasser von selbst kommen. Hmmm... denkst Du Dir. 15 Jahre ackern, nur um dann kein Wasser mehr holen zu müssen? Es wäre ja nett. Aber ob ich das kann oder überhaupt erlebe? Was ist, wenn ich in 5 Jahren sterbe? Dann habe ich das umsonst gemacht. Und selbst wenn ich es schaffe, dann freuen sich nur die Erben darüber.

Genau SO denken wir wenn es um unsere finanzielle Zukunft geht. 1. Können sich die wenigsten vorstellen, daß es für sie funktionieren könnte. 2. Immer die gleiche Frage ob man das überhaupt erlebt. Deshalb gehen 95% der Menschen auch mit 60 noch zum See und holen Wasser, anstatt sich 15 Jahre anzustrengen und das Wasser dann aus der Rinne zu genießen. Und dann noch die Frage nach dem wozu. Sparen für die Erben? Wasserrinne für die Erben? NEIN Wasser für DICH. Bzw. Rendite für DICH, damit Du davon laben kannst und NIE WIEDER ARBEITEN MUSST. Was die Erben dann damit machen, ist eine andere Sache. Du kaufst Dir ja auch ein Auto um selbst damit zu fahren. Warum frägst Du Dich da nicht, was die Erben einmal damit machen? Du tust es für DICH und für niemand anderen!

In diesem Sinne – mach das Beste aus Deinem Leben, was Du tun kannst. Was auch immer es auch sein mag. Aber TUE es!

Abschließend noch ein wunderschöner Link zu dieser Thematik:
Pete ist 39 Jahre alt - und Rentner. Seine Frau auch, der gemeinsame achtjährige Sohn geht in die Schule. Seit neun Jahren arbeiten die Eltern nicht mehr. Aber sie besitzen ein Haus und verreisen nach Kanada und Hawaii. Wie das geht? Sie haben genau das angewendet, was ich in meinem Buch beschreibe. Sie haben gespart und jeden Cent investiert und können jetzt ohne zu arbeiten davon leben:

http://www.finanzen100.de/finanznachrichten/wirtschaft/ein-traum-wird-wahr-wie-sie-schon-in-zehn-jahren-in-rente-gehen-koennen_H1263916356_205168/